少年タイムカプセル

錦織一清

新潮社

はじめに——小さな町の小さな家

高気圧が張り出した真夏の河川敷に、鉄橋を渡る電車の音が、下町の夏休みを演出している。少年野球最後の年を、目を凝らせば四葉のクローバーでも見つかりそうな、まだ整備も行き届いていない原っぱのようなグラウンドで、みんなおんなじ坊主頭の少年達が、夕暮れになるまで汗を流している。中途半端に伸びた頭のヤツが水を被れば、まるでハリネズミのようになる様をケタケタと笑いながら、銭湯に行く時間を約束する。そんな夏休みに一本の電話がかかってくる事で、それから数十年間この私が、ずっと少年のままでいる人生が始まったのです……。

１９６５（昭和40）年に世田谷に生まれ、親父の仕事の都合で2歳の時に、下町は江戸川区の平井という町（当時はまだ逆井《さかさい》という地名でしたが）に父親と母親、姉、そして私の４人家族は、移り住みました。小さなアパートの部屋に、家族4人が、一本多い川の字になって寝る生活。もちろん風呂などは付いておらず電話は大家さんからの呼び出し、敷居からはみ出したコタツの前には、家具調のテレビが偉そうに陣取っていました。木の天板の上には、誰から貰ったんだか訳の分からない木彫の熊。時季によっては、ガラスの中に入った雛人形。高学年になったくらいの時、姉貴が工作の時間に作ってきた、目んトコだけくり抜いた、石膏でできた気味の悪い自分の顔のお面。

「しばらくテレビの上に置いておけば甘くなるから、まだ食べちゃ駄目！」

お袋がそんなことを言いながら、半月くらいそのまま居座る、根拠の無いパイナップル。当然、正月過ぎても置いてある鏡餅とみかんにはカビが生えてました。そんな大活躍のテレビの上に、ある日仕事から帰ってきた親父が、外した自動巻きの腕時計をヒョイっと置いてしまい、磁気の影響で壊れてしまうなど、もうウチはやってる事が、ドボチョン一家のような人生です。

年頃になってきた姉は、そのテレビに映し出されるフォーリーブスを観て、飛び上がって喜んでいます。郷ひろみさんが登場した時は、飛び上がり過ぎて、上から吊るしてある蛍光灯をアタマで割ってました。何が起きてるか分からない歳の離れた弟の私は、ヌンチャクを振り回しながら、もう一個吊ってある蛍光灯を割りました。ドタバタを余所目に、親父は酒を飲んでるだけです。お袋は紅茶キノコに凝ってます。

小さな町の小さな部屋でしたが、とても愉快な生活でした。近所の人達は優しくて、子供が多い時代のため友達もいっぱい居ました。先日この本の表紙撮影で平井三丁目を歩いていた時、

「あれ？　カズちゃん！」

と、年配の女性に呼び止められると、それは昔お袋が町医者の看護婦（当時）として働いていた時の患者さんであり、友達としてお付き合いをして頂いていたご婦人でした。なんとなく見覚えのある顔に、すっかりオヤジになった私はただ照れ笑いを浮かべるだけでした。そこへ行けば今でも誰かに会いそうな親しみ深い町です。たとえ風呂付きの賃貸住宅に移っても、週に何度かは野球仲間と銭湯に行くような、そんな仲間意識に溢れる町です。

夏のある日、銭湯から帰ってくると、今度の日曜日にテレビ朝日に来られないか、という電話があった事を、部屋に入るなりいきなり聞かされました。

「……？」

なんのことだかさっぱり解らず問いただしてみると、姉が遊び半分で履歴書を送ったということが判明しました。小学生だった私はああだこうだと丸め込まれ、家族4人で六本木という駅を死に物狂いで探し出し、あの夏休み、私の人生を決める事となるリハーサル室へと連れて行かれたのです。黄色い電車（総武線）から地下鉄に乗り継ぎ、日比谷線六本木駅からテレ朝まで歩いた道のりが、最近では主に舞台演出をしているこんな所まで、今こうしてこの原稿を打っているこんな自分まで、まさかここまで続いていたとは思いもしませんでした。

まだ人生を語るには早いかもしれませんが、本書は新潮社様のご厚意とお力添えにより、青春時代を振り返る機会を与えていただいた結果、刊行することができました。デビュー当時に色んな雑誌のインタビューを受けた内容と、多少の重複感があるのは否めませんが、この本ではかなり奥深く、詳しく語っていると思います。読み進めることに時間を使っていただく読者の皆様にも、深く感謝いたします。

商店街を抜けるとそこに母校があり、少し歩くと友達が沢山住んでいた、何棟も立ち並ぶ都営住宅があり、お袋が働いていたお医者さんの横には、私たち家族が住んでいた集合住宅。撮影のため数名のスタッフと一緒に、あちこち歩いた事は本当に楽しかったです。路地を曲がる度もしかしたら、自転車に乗った子供の頃の自分と擦《す》れ違うんじゃないかと思いました。そして最後に撮影メインの場所へ……

近くの駐車場に車を止め、荒川の河川敷に腰をおろすと、そこは少年時代です。向こう岸まではかなりある川幅の上を、鉄橋を渡る電車の音が、僕を思い出という駅へと誘うのです。

それでは一緒に、タイムカプセルを開けてみましょう。

２０２３年１月

錦織一清

少年タイムカプセル　目次

少年タイムカプセル

聞き手：西寺郷太、編集部
構成：細田昌志
撮影（カバー・表紙など）：角田勇太
扉　写真提供：錦織一清

第1章　YOU、天才だよ！

懐かしさも、寂しさも

――1977年にジャニーズ事務所に入所してから45年、1985年に少年隊としてデビューしてから37年、これが錦織さんにとって初めての自叙伝となります。ようやく、ですね。

2020年12月31日いっぱいで、錦織さんがジャニーズ事務所を退所されました。このタイミングだからこそ訊けること。話せること。

生い立ちのこと。少年時代のこと。

ジャニーズ事務所のこと。

少年隊のこと。

デビューまでのこと。デビューしてからのこと。

音楽のこと。ダンスのこと。

芸能界のこと。プライベートのこと。

植草さんのこと。東山さんのこと。

そして、ジャニーさんのこと――。

今だからこそ話せること、話したいと思っていること、これまでのことを、タイトルにあるようにタイムカプセルを一緒に開けるつもりで振り返っていきたいと思っています。

錦織　こちらこそよろしく。こちらにとってもありがたい機会だしね。いろいろと思い出しながら、これまでのことを一緒に振り返っていきたいと思う。中には封印した記憶もあるけどね。これまでもたくさんインタビューを受けてきたけど、大体訊かれることは同じなんだよ。それもジャニーズ事務所に所属するタレントとしての使命だと思ってやってきたけど、今回は錦織一清という一人の人間として、これまで公の場で話したことがないことも、臆《おく》せず驕《おご》らず話していきたいと思う。

――よろしくお願いします。

錦織　この本を手に取ってくれた人も、俺たちと一緒にタイムカプセルを開けるような気持ちで、ページをめくってもらえると嬉しいね。〝覚悟〟というと大げさかもしれないけど、〝ありのまま〟というのかな。懐かしさもあるだろうし、驚きもあるだろうし……。

——笑いもあるだろうし。

錦織　怒りや悲しみもあるかもしれない。寂しさもね。これまではそうした感情をそのまま表に出してこなかったけど、この本ではそのあたりもきっちり見せていきたいよね。

——これまでは、そのタイミングじゃなかった。

錦織　だから、今なんだと思う。今こそ思い切ってタイムカプセルを開けてみようと思う。

世田谷から下町へ

——1965年5月22日土曜日。錦織一清さんが誕生します。

錦織　生まれたのは、東京の世田谷区にある梅ヶ丘産院。親父はもともとその近くの下高井戸の人間で、折箱職人だった祖父の手伝いをしていた。折箱というのは、今は馴染みが薄いかもしれないけど、昔はお寿司なんかでも、ちゃんとした木の箱に入ってたでしょう。祖父は、その折箱を作る職人さんだったの。下高井戸に大きな作業場を借りていて、親父も最初はそこで働いていた。そうこうして、親父は豪徳寺にあった「東京ケース」という会社に引っ張られる。しばらくは、そこの社宅に住んでいたらしい。

――お母さんは……。

錦織　おふくろは豊島区の人。豊島看護専門学校を出て看護婦になった。それで都立梅ヶ丘病院（現・東京都立小児総合医療センター）に勤務していて。親父は豪徳寺で、おふくろは梅ヶ丘。同じ世田谷の小田急線で一駅の距離にいた。飲み屋さんだったか、屋台だったかは忘れたけど、そこで二人は出会ったらしいんだ。

――以前、お父さんの写真を見せてもらったことがありましたが、さすがと言いますか、むちゃくちゃ二枚目で。

錦織　親父は独身の頃、東宝の養成所みたいなところに通ってたのね。ちょんまげのかつらを被っている写真とか、刀を抜いて八双に構えている写真とか、まだ残ってるよ。

――それも見たいですよ。

錦織　なんだかんだありながら、親父はおふくろと結婚して姉貴が生まれて、その6年後に俺も生まれた。当時の住所は豪徳寺で、今の住居表示だと赤堤になるのかな。姉貴が通ったのは赤堤小学校。だけど、俺が2歳の時に江戸川区の平井に引っ越した。

――世田谷から下町へ。

錦織　「イシイ印刷」というレコードのジャケットなんかを作る会社が両国にあって、親

［写真上］父・錦織清。独身時代、東宝の養成所に通っていた頃に撮影した写真
［写真下］錦織家の家族写真

父が勤めていた東京ケースの社長と付き合いがあったらしい。それである日「両国に行ってみないか」と親父に声がかかった。「世田谷から通うのは遠い」ということで、一家で下町の平井に移ったわけ。

――じゃあ、錦織さんの世田谷時代の記憶は……。

錦織　全くない。2歳の時に〝玉電〟――今の世田谷線ね――のホームから落っこちて頭に3針縫うケガをしたらしいけど、それは自分の記憶にはないから。江戸川に移ってから、「総武線の車体の色が茶色いチョコレート色だった」というのが、最初の記憶かな。「あー、チョコレート色の電車だー」って言ってたって。今の総武線の車体はメタリックシルバーに黄色のラインだけどね。

――平井のご自宅はどんな家だったのですか？

錦織　貧乏だったよ。狭いアパートで風呂もなかった。もっとも、当時は内風呂のある家は下町では少なくて、みんな銭湯に行っていたからね。

――そうなんですね。

錦織　本当に狭い家だった。四畳半と三畳のアパートに4人暮らしだからね。その二間しかない。川の字もいいところで家族4人で寝てさ。そこでずっと育ったから。

――勉強部屋は……。

錦織　あるわけないよ。勉強部屋はおろか自分の部屋もなかった。友達の家に行くと、自分の部屋を持ってて、おもちゃだってプラレールなんかを持ってたりする。俺にはそれがなかった。子供の頃によく見たのが、家に階段があって、2階に部屋があるという夢。起きてがっかりするんだよ（笑）

——「夢か……」って。

錦織　今でも同じ夢を見るよ。22歳で合宿所を出てひとり暮らしを始めた時、自分で稼いだ金で自分の部屋を持てた喜びは大きかった。あれは嬉しかったなあ。

——「やっと」という。

錦織　でも、決して惨めな記憶じゃないんだよ。近くに友達の家もあったし、楽しく暮らしていたわけだから。

——当時はそれが普通ってことでしょう？

錦織　普通。それにうちは貧乏だったけど、プライドがあった。それは人から物をもらわないことなの。貧しかったし家だって狭かったけど、「うらやましいとか思うのはダメだ。うちはうちなんだ、こういう生活なんだ」って、親父はいつも言っていた。

——「他人と比べるな」と。

錦織　そう。「みんな、あのおもちゃを持ってんだよ」と訴えても、「よそはよそだから」

ってよく言われた。我慢することを教わったよね。ある時、友達がちょっといいおもちゃを持ってて、「いいなあ、それちょうだい」って俺が言ったんだよ。それがたまたま親父の耳に入って、すっ飛んできて肘をつねられたからね。「絶対言うんじゃねえ、それは」って。「『ちょうだい』なんて言うな。物乞いじゃねえんだから」みたいな。

――そこは徹底されていたんですね。

錦織　それが良かったと思うよ。今となってはありがたいと思うばかりで。

原点は「なかよしリズム」

――どんな子供だったんですか？

錦織　小さい頃はとにかく身体が弱くてさ。小学校の高学年ぐらいになるまで食も細かったし。

――それは意外です。運動神経の塊みたいな錦織さんじゃないですか。

錦織　いやいや。それもあってか、朝から晩までレコードを聴いていた。親父が勤めてたイシイ印刷の社割を使って安くレコードを買えたから。そのレコードは「コロムビアゆりかご会」とかそういうところのもので。

――いわゆる文部省推奨歌みたいな。

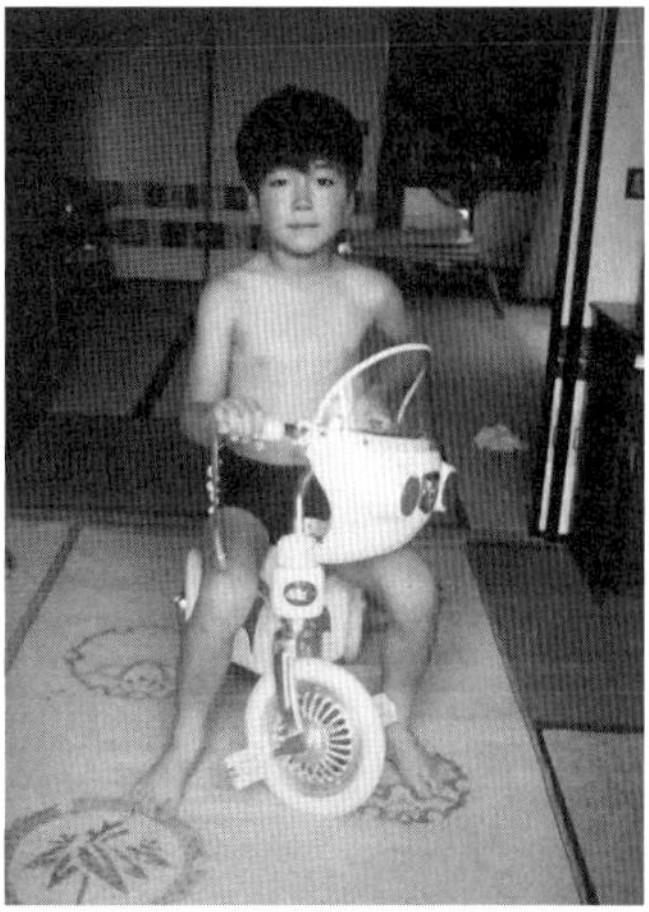

［写真上］ 幼少期の錦織一清

［写真下］ 小学生の頃に所属していた野球チーム「ブライト・プレイヤーズ」。
左下が錦織

錦織　そうそう。そういうのがいっぱい入っていた。『トム・ピリビ』とか『五匹のこぶたとチャールストン』とか『町の小さな靴屋さん』とか、ペギー葉山さんの『ドレミの歌』とかが入っていたアルバム。

――それをずっと?

錦織　朝から晩まで。うちは共働きだったから、おふくろが帰ってくるまでの間、レコードプレーヤーでずっと聴いていた。だから、当時聴いた曲は今も好きでさ。月イチのレギュラーとして出演していた「たまむすび」（TBSラジオ）では、「テーマソングはこれにしてほしい」とお願いしたのが、『サモア島の歌』。「♪青い青い空だよ　雲のない空だよ　サモアの島　常夏だよ」って、知ってる?

――最近まで知らなかったです。

錦織　あの曲が大好きで。その頃、NHKの教育テレビで「なかよしリズム」という音楽番組があったんだよ。歌のお姉さんの小鳩くるみさん（註：当時は、わしづなつえ名義）が、その『サモア島の歌』とか歌うわけよ。

――よっぽど好きだったんですね。

錦織　驚くことに、その頃の記憶が無意識に甦ることがあるんだよね。そう思ったのが、23年続けてきた少年隊のミュージカル『PLAYZONE』が終わった翌年、Kis-My-

Ft2の公演の脚本と演出を俺が担当したんだけど、その時の音楽が「なかよしリズム」みたいで。

――無意識に選んでたんですか？

錦織　そう。「本当はこういうのが一番好きかも」って思った。『クラリネットをこわしちゃった』とか、『町の小さな靴屋さん』とか。

――童謡的な曲。

錦織　ある時、振付家の名倉（加代子）先生に言ったことがある。「幕が開いて、いわゆるフランスのモンマルトル風の街から、靴屋さんで働く女の子が、ほうきで辺りを掃きながら、『♪町の小さな靴屋さんは……』って歌いながら現れる。そういう曲から始まるのがミュージカルな気がする」と。先生も「その通りね」って。

――錦織さんの本当の原点ですね。「無意識の原点」というか。

錦織　舞台転換する時も、「♪タンタンタンタンタンタンターラータータンタンタン」なんて、転換音楽にも使いやすいじゃない。そういうイメージを自然に浮かべることができるのは、「なかよしリズム」のおかげかもしれない。

マンガ家になりたかった

――子供の頃の夢は何だったんですか？

錦織　マンガ家。

――えっ⁉　そうなんですか？

錦織　叔母さん、おふくろの妹なんだけど、彼女が東大病院の外来に勤めていたのね。それである時期からおふくろも、東大病院で胃カメラの助手をやるようになった。それで俺もときどき東大病院に連れられて行ったわけ。

――文京区の本郷にある東大病院。

錦織　そう。おふくろの仕事を待っている間に「あそこで遊んでなさい」と言われたのが、東大の構内にある有名な三四郎池。グラウンドがあって、その裏が池になっているじゃない？　そこで、手塚治虫のようなベレー帽をかぶった学生が絵を描いてたの。それを見て「上手《うま》いなあ」って。

――子供心に感心したんですね。

錦織　セレブレーションを感じたというか、純粋に「カッコいいな」と思って。それで絵が好きになって描くようになったんだけど、展覧会で入選したこともあるんだよ。

――凄い！　習字のコンクールでも「貯金」と書いて入賞していますもんね（笑）

錦織　それは関係ない（笑）。銀行主催のコンクールだったから「貯金」と書いたまでで。郷太はそのエピソードが好きで、俺のことを守銭奴みたいに言うけど。そもそも全員が「貯金」と書く企画だったの。しかも入賞でなくて優勝ね（笑）。郷太があちこちで言いふらすから、「錦織の好きな言葉は『貯金』」って伝わっちゃってんだから。

――錦織さんと僕の出会いにつながる大事なエピソードなんで（笑）。ラジオ番組を収録していたスタジオで偶然初めてお会いした時に、錦織さんに「大ファンです」と伝えたら、錦織さんは「ありがとうございます」とサラッと言ったんですよ。まあ、錦織さんにとってそんなことはよくあることだと思うけど、そのありがちな対応にちょっとムカついて、「僕はにわかファンじゃないんですよ。そんな風にあしらわないでください」と、「子供の頃、習字のコンクールで『貯金』って書いて入賞しましたよね」って。

錦織　だから入賞じゃなくて優勝ね（笑）。「この男、そんなことまで知っているんだ」ってびっくりした。

――それでスタッフに「こいつ気持ち悪いよ」と言っていましたよね（笑）

錦織　実際、気持ち悪いじゃない（笑）。だって、そのエピソードも昔どこかの取材で一回ぐらい言っただけのものだから。

――話を戻します。東大の三四郎池で絵を描いている人を見て、「自分も描こう」と思ったんですね。

錦織　そうそう。絵が好きになって、秘かにマンガ家に憧れたわけだよ。

――好きだったマンガは？

錦織　小学生の時に一番好きだったのが『愛と誠』（原作・梶原一騎、作画・ながやす巧）。シリーズは全部読んだし、西城秀樹さん主演の実写映画も観ている。夏夕介さん主演のテレビドラマ版も。

――原作だけじゃなくて。

錦織　ドラマ版でヒロインの早乙女愛さんを演じたのが池上季実子さんで、池上さんと一緒に舞台をやった時にその話をしたら、池上さんが俺に「どうぞ、誠さん」と言ってビールを注いでくれたんだよ。だから俺も「愛お嬢ちゃんよ」って（笑）。ながやす巧先生というマンガ家はアシスタントを使わない人で、しかもバックも写実的に描く、画家みたいなマンガ家でさ。

――詳しいですね。

錦織　「ながやす風はこういうフォルム」って真似するのも好きだったから。「ちばてつやはこう」「永井豪の輪郭はこう」「永井豪は石ノ森章太郎の弟子だけあって、タッチが少し似ている」とかさ。トキワ荘の話も大好き。

――そう言えばトキワ荘って、ジャニーズ事務所の合宿所とちょっとダブりますね。

錦織　確かに言われてみたらそうだね。

ベイ・シティ・ローラーズが嫌いだった

――「なかよしリズム」と『愛と誠』の洗礼を受けた錦織少年ですが、芸能への道はどう開かれていくのでしょうか？

錦織　やっぱり、姉貴の影響ということになるかな。

――6歳上のお姉さんが、そもそも芸能に興味があったと？

錦織　姉貴は都立小岩高校では演劇部に所属していて、スタ誕（「スター誕生！」）の予選にも行ったぐらい。結局落ちたんだけど、役者を目指して勝アカデミー（註：勝新太郎が主宰した俳優養成所）に入ったんだよ。同じ時期に小堺（一機）さんもいたの。小堺さんもそのことを知ってて、「お姉さんいたんだってね」「そうなんです」なんて話をしたことがある。

――お姉さんはちょっとやそっとの憧れじゃなくて、本当にプロの演者になろうと努力していたんですね。

錦織　そうなんだよ。

――では、錦織さん自身が芸能に興味を持ったきっかけってなんだったんでしょう？

錦織　最初は小4の頃に流行したディープ・パープル。

――いきなりディープ・パープルですか。

錦織　友達と一緒にアルバムを聴いて「カッコいい」って思った。それで小5になると、ＫＩＳＳが入って来るんだ。当時一番嫌いだったのが、ベイ・シティ・ローラーズ。生意気にも「あいつら日本に来るなよ」なんて言ってた（笑）

――硬派な小5ですね（笑）

錦織　女の子の間でベイ・シティ・ローラーズは人気あったけどね。イアン・ミッチェルとかパット・マッグリンとか。姉貴もリードボーカルのレスリー・マッコーエンが好きだったし。

――アイドルっぽいものより、男っぽいものが、もともと好きだったということですね。

錦織　そうね。それは形状にも現れていて……。

――形状？

錦織　例えば、水鉄砲みたいなフォルムか、普通のモデルガンみたいなフォルムか。どちらが好きかというと、俺はモデルガンみたいな本物に近いものが好きだった。今でも男っぽさを感じるものが好きで、例えばスパナとか。

——スパナ（笑）

錦織　今でもホームセンターに行くと、いくつも持っているのに買っちゃうからね（笑）。大道具さんが腰にぶら下げているガチ袋とかも大好き。

——おじいちゃんは折箱職人だし、その血もあって。

錦織　育った近所には工場も多かったし、その影響はあるだろうね。

——音楽的な嗜好は、硬派なロック路線まっしぐらだったんですか？

錦織　でもないのよ。革命的なものが急に入って来たから。それがディスコミュージック。決定的だったのは、映画の『サタデー・ナイト・フィーバー』（1978年日本公開）だよね。中1の時に大流行してさ。でも、レコードは高くて買えない。さすがにこれはイシイ印刷の社割も利かなかった（笑）

——洋盤ですからね。

錦織　となると、FMラジオから録音するしかない。その頃、ラジオでディスコミュージックの特集がよく組まれていたから。それで頼み込んで買ってもらったのが、ソニーのラジカセ。嬉しくて大事に使ったよ。

——ラジオのオンエアをカセットに録って……いわゆるエアチェックというやつですね。

錦織　姉貴の高校の同級生のお兄ちゃんたちが、ときどき家に遊びに来るんだけど、みん

な髪型が揃いも揃って石立鉄男に（笑）

――いわゆるアフロですね（笑）。それだけ流行《はや》っていたんですね。

錦織　そういう時代だからね。ちょうど日本でも「ソウル・トレイン」の放送が、少し前から始まっていて。『サタデー・ナイト・フィーバー』の挿入歌だった『モア・ザン・ア・ウーマン』とか、そのあたりをとにかく録音しまくって聞いてた。

――『モア・ザン・ア・ウーマン』は僕も大好きです！　ということは、ここからディスコに突入するんですね。ダンスもその影響で始めたんですか？

錦織　それがまだ行かない。踊るのはもう少し後で、そこから永ちゃん（矢沢永吉）に行くのよ。キャロルは俺が小4の時に解散しちゃうんだけど。

――矢沢さんは錦織さんの軸にずっとありますもんね。

錦織　キャロルが出演していた「リブ・ヤング！」も「ぎんざNOW！」も観てたから。ロックとディスコを行ったり来たりだね。もちろんビートルズやストーンズも当然のように聴いてたよ。

オーディションへ

――「なかよしリズム」から始まって、ディープ・パープル、KISS、ディスコミュージック、矢沢永吉……。その上で、ベイ・シティ・ローラーズは嫌いだったと。どうもジャニーズと全然結びつきませんね。

錦織　これもきっかけは姉貴なのよ。ちょうどフォーリーブスや郷ひろみさんの時代で。女の子って、ほら、弟がいる家は「履歴書出してみようよ」みたいな遊びが流行っていたんだって。今はお母さんが多いみたいだけど。

――お姉さんが履歴書を送ったことは知っていたんですか？

錦織　全く知らなかった。ジャニーズ事務所から電話が来て初めて知った。姉貴が「実は履歴書送っちゃったから、とりあえず行くだけ行ってよ」って。忘れもしない1977年7月。

――それがオーディションだったんですね。その時の錦織さんは何歳ですか？

錦織　小6だから、12歳かな。

――当時のジャニーズ事務所に対して、小6の錦織少年はどんな印象を持っていたんですか？

錦織　何だろう……。印象ってほどのものはないんだけど、「キラキラしたものを着たタレントがいる」って感じかな。フォーリーブスがゴム使って踊っていた時代だしさ。

――『ブルドッグ』ですね。

錦織　でも、最初は何の興味もない。姉貴が「私の顔を立ててくれ」というから仕方なく。小学生だったから戸惑いはあったよね。

――「お願いだから行って」と。

錦織　そう。「今度の日曜、場所は六本木のテレビ朝日のリハーサル室に来てくれ」と電話で言われたわけ。ちょうどNETからテレビ朝日に社名が変わった頃で。「小学生をひとりで六本木まで行かせられない」と姉貴も付いて来てさ。

――芸能の世界に憧れていたお姉さんが、その夢を弟に託したんでしょうね。

錦織　あったかもしれない。もちろん下町の少年が六本木なんて行くのは初めてで、テレ朝に着いてもオロオロしちゃって。素人がいきなりテレビ局に行って、リハーサル室がどこにあるかなんてわかんないじゃない。だから「とにかくロビーに行ってみよう。誰かいるだろう」と。

――そうなりますよね。

錦織　そうしたらロビーに男の人がひとりで立ってたわけ。当然、テレビ局の人かなんかだと思うよね。

――社員なのか、スタッフなのか。

錦織　それで姉貴がその人に「すみません、リハーサル室ってどこかわかりますか？」って尋ねたら、それがジャニーさんだったという。

――凄い！

錦織　いきなり一発目で（笑）。凄いでしょう。何でその人がジャニーさんだってことがわかったかというと、その後にひとりの男の子がトコトコやって来て、「ジャニーさん」って話しかけたからなの。

――だから、わかったんですね。

錦織「ああ、この人がそうなんだ」って。それでジャニーさんが「この子、場所わかんないんだって、連れて行ってあげて」と、その男の子に言ったのよ。「いいよ、じゃあ一緒に行こう、こっちだよ」って連れて行ってくれたのが、よっちゃん（笑）

――野村義男さん！

錦織　よっちゃんは俺の1歳上だから、当時中1だったのかな。それでリハーサル室に連れて行ってもらった。そこには俺と同じくらいの歳の子供が7、8人いたかな。それでいきなり踊らされたんだ。

――いきなりですか？

錦織　いきなり。稽古着とか持って来てないから、着てた服のまま汗だくになりながら踊った。そうしたら、それまでダンスの経験なんてなかったのに割とできたんだよ。身体を使うことに関しては、自信があったから。マット運動とか跳び箱とか、模範演技児童だったしさ。

——運動神経が良かったんですね。

錦織　でもね、どうしても踏めないステップがあった。ダンスと運動はまた別だから。「こんな動きはしたことがない」って、できなかったのが悔しくて。

——全部完璧にできたわけではなかったと。

錦織　そう。それが凄い悔しくて。悔しがっていたら、ジャニーさんがいきなり俺のところに来て言ったのよ。

——おお！

錦織「ＹＯＵ、天才だよ！」って。

——初のＹＯＵ！

錦織　びっくりしたよ。だって「天才」と言われたのが初めてなら、「ＹＯＵ」と言われたのも初めてだからね（笑）。自分としては完璧ではなくて悔しかったけど、ジャニーさんがそう言うんだから筋は悪くはなかったんだろうね。でも今にして思えば、手放しでジャニーさんに褒められたのは、これが最初で最後だったかもしれない。

——おお……。痺れる話です。

錦織　その後はないんじゃないかな。俺の方に問題があるのかもしれないけど（笑）

――「ＹＯＵ、天才だよ！」って、本のタイトルでもいいくらい（笑）

錦織　それが一発目だからね。出会いの初日にそれだもの。忘れられないよ。

第2章　アイドルで成りあがる

1977年のジャニーズ事務所

――オーディションにいた子供は7、8人だったということでしたが、少ないですね。今はもう大変な数になると思うのですが、この時代のジャニーズ事務所はそんなものだったでしょうか？

錦織　一番どん底の時代でしょう。1977年当時には売れてるタレントがいなかったから。1975年に郷ひろみさんが退所して2年後のことで、活躍していたのはフォーリーブスぐらい。それも翌年に解散しちゃうし、(川﨑)麻世君がデビュー直後で、トシちゃん

（田原俊彦）は前の年に入所したばかりの頃。事務所も全然忙しくない。

——今のジャニーズ事務所しか知らない人にとっては意外かもしれませんね。

錦織　麻世君のコンサートのバックで踊ったこともあるけど、終わった後に全員でシールド（楽器をアンプに繋げるケーブル）を剝がして、舞台のバラシまでやってたよ。アンプを運んだりとか。その中にマッチ（近藤真彦）もいた。

——近藤真彦さんも麻世さんのバックで踊っていたんですか。

錦織　いたね。年齢はマッチが俺の1歳上。先輩のように思われてるけど、ジャニーズに入ったのは実は同じなんだ。

——近藤真彦さんと錦織さんが同期というのは、あまり知られていないですよね。

錦織　そう思われるよね。レコードデビューは5年も差があるから。

——錦織さんはこの頃から「芸能界でやって行こう」みたいなのはあったんですか？

錦織　最初は全然なかった。芸能界というところが、下町の男の子からすると、どうもくすぐったくて。たのきんトリオ（田原俊彦、近藤真彦、野村義男）以前の底辺の時代だから大きな仕事もないし……。「将来を約束されているものではない」って思っていたから。

——その気はなかった。

錦織　だって、最初の頃ジャニーさんに「YOUは将来どうなりたい？」と訊かれて、

「体育の先生になりたい」と言っていたんだから。というのも、体育教師から「お前、体育の先生になれるぞ」って言われていたのがあったんで。

——なれるでしょうね、それは。

錦織　だから「芸能界？　くすぐったいなあ」みたいな感覚があったんだよ。

——ちなみに入所して、ときどき川﨑麻世さんのバックで踊ったりとか仕事が入った時に、お給料はもらっていたんですか。

錦織　特にもらってない。あくまでも扱いは研究生だから。

——なかったんですね。

錦織　なかったと思う。でも、たまにはもらったかな。

——初めて給料という形でもらったのは覚えていますか？

錦織　マッチのファースト・コンサートかな。ずっと付いていた時に「ワンステージいくら」というのがあった。それは普通のバックダンサーと同じような感じだったね。

——どのくらいの金額だったんですか？

錦織　「ワンステージ1万円」だったかな。いや「1日1万円」だったかも。あまり定かじゃないんだよね。ともかく、そのぐらいからまず始まるのよ。

——なるほど。そんな時代だったと。

錦織　だから、やることと言えばレッスンばかり。ダンスも今みたいなヒップホップじゃなくてスタンダードジャズ。俺らの頃は「ヒップホップ」なんて言葉もないからね。でも、なんとなく楽しくなって、通い始めたわけ。

――なんとなく、楽しくなった。

錦織　遊びに行くぐらいの感覚だった。「今度の日曜、遊びにおいでよ」とジャニーさんに言われて。ただ、少年野球チームにも所属していて、その両立に悩んだりもしたよ。日曜なんかは、早朝に野球の練習があって、その後レッスンに行ったりして。

――今までのお話を聞くと、「たのきん」以前の時代のジャニーズは、川崎麻世さんが全力で支えていたというイメージで正しいでしょうか?

錦織　間違いないね。しょっちゅう一緒にいたし、よく遊んでくれた。あの頃、ドミ麻布というマンションに合宿所があったんだけど、麻世君の部屋に遊びに行って、麻世君が帰って来ると「深夜のラジオまで少し横になるけど、みんな遊んでていいから」なんて言ってさ。俺なんか子供だったから随分とお兄ちゃんに見えたもの。

――一番最近、麻世さんに会ったのはいつですか?

錦織　10年くらい前かな。東宝のミュージカルで一緒になった。共通の友達も結構いるんだよ。「錦織、聞いたよ。お前、あの役者に俺の悪口言ったんだってな」「はい、言いました」なんて（笑）。今も大好きな先輩だね。

初舞台

――入所してからはレッスンばかりだったということですが、初めてお客さんの前に立った時のことは覚えていますか？

錦織　うん。覚えているよ。狩人のファースト・コンサート（笑）

――えー！　バックダンサーですか？

錦織　狩人が『あずさ2号』でデビューしたのが1977年なんだけど、そのファースト・コンサートで曲と曲の合間に「二人はどういう子供だったか」を見せる寸劇があったのよ。その子供時代の役として、よっちゃんと一緒に舞台に立った。

――じゃあ、野村さんと二人で子供時代の狩人を？

錦織　いや、よっちゃんはもう少し成長した時の役で、俺はもうひとりの子と一緒に小学生時代を演じたの。場所は中野サンプラザ。大阪はフェスティバルホール。これが初仕事だった。森光子さんのナレーションで。「さて、二人はどんな子供だったのでしょう」みたいな。

――どんな内容だったか覚えていますか？

錦織　覚えている。俺は小学生時代の邦彦さんの役。お兄さんね。弟の高道さん役の子に「高道、お前、俺の大事なプラモデルを壊したな。どうしてくれるんだよ」って言うの。
次に中学生時代、よっちゃんともうひとりが出て来て「高道、お前、俺のトレーナー着ただろう。破いたな。どうしてくれるんだよ」。最後に高校生時代、別の子が出て来て、「高道、お前、俺の女に手を出したな。どうしてくれるんだよ」って。実にくだらない（笑）

――それが初舞台。

錦織　それまではクラスの学芸会ぐらいだったんだけど、意外と違和感なくやれたね。

――その後すぐに映画にも出演していますよね。教育映画『さようならぼくの犬ロッキー』。「ザ・ベストテン」で流れたことがあったので知っていますが、めちゃくちゃ可愛いですよね。

錦織　これは小6の冬だね。3人の男の子がいて、そのうちのひとり。主演の子は映画会社の息子かなんかで、いわゆるコネだった（笑）

――小6の役なんですか？

錦織　それが小3の役なのよ。ジャニーさんに「いい？　オーディションのときは5年生って言うんだよ」って言われて（笑）。ほら、トシちゃんも「金八先生」で1歳サバを読んだじゃない。

――この頃はもう田原俊彦さんにも会っていますか？

錦織　会ってる。俺とは5つも学年が違ったから、普通に大人に見えたね。この頃はレッスンをやる時は、まずトシちゃんが踊って、（松原）秀樹君とやっちん（曾我泰久）も踊って、俺も踊ってって時代だから。

――松原さんも曾我さんも、今はミュージシャンのイメージがありますが。

錦織「リトル・ギャング」というユニットで「うわさのチャンネル」に出ていた時代があって、その後は「ギャングス」という名前で麻世君のバックで踊ったり。それがいきなりジャニーさんに「YOUたち、バンドやってみない？」って言われたんだよ。秀樹君がベースで、やっちんがギター。なぜかと言うと、秀樹君がじゃんけんで負けただけ。それでベースになったって（笑）

――それが今は、ふたりとも名だたるミュージシャンですからね。ジャニーさんの先を見通す力は本当に凄いですね。

錦織　ジャニーさんって、踊りの能力とかもきちんと見ているのよ。だから「ああ、こいつは踊りより楽器だな」って思うこともあるんじゃないかな。おそらく男闘呼組もそんな感じだったと思う。この頃、事務所にはバンドが結構いたからね。バックバンドだって外注じゃなかったし。後のTOKIOもそうじゃないかな。「YOUたち、楽器の方がいいかもよ」って。

――なるほど。ともかく、錦織さんは入所の早い段階でたのきんの3人には会っているんですね。

錦織　会ってる、会ってる。さっきも言ったけど、よっちゃんは入所前に会っているわけだから。3人とレッスンを2時間やった後、ジャニーさんが映画なんかに連れて行ってくれる。当時は合宿所に遊びに行ってるようなもんだったよね。

――感覚としてはそうですよね。小学生だし。

錦織　ただ、俺が小6で入った時、ちょうどトシちゃんが来なかった時期と重なったのかな。勉強があったり、部活があったりで。子供の頃も、それなりにいろんなことがあるじゃん。

――子供は子供でいろいろ忙しいですからね。

錦織　俺も中2の時、しばらくレッスンを休んでるんだよ。それがちょうど「金八先生」が始まった時で、それがきっかけとなって、たのきんトリオがブレイクし始めた。3人がようやく忙しくなった時でさ。麻世君も忙しくなったりして。

――錦織さんがレッスンを休んだ1980年に田原さんも近藤さんもデビューされ、事務所も激動期に突入したイメージがあります。

錦織　俺は俺で将来のこととかいろいろ考えるじゃない。教育映画の撮影があった時も、

1週間ぶっ通しで学校に行けなくなったりする。そういう時は事前に学校に申請を出さなくちゃいけなかったりして。すると、野球どころじゃなくなるし、学校を休むことを子供なりにいろいろ考えるからね。

——学校ではどうだったんですか？　ジャニーズにいたわけだから女子に騒がれたりしなかったんですか？

錦織　少しはあったよ。それより厄介だったのは男の先輩で、中学に入ってめちゃくちゃいじめられた。「お前、事務所入ってんだって」「ちょっと回ってみろよ」とか、完全にいじめの対象。呼び出されてからかわれたり、ターゲットにされて。

——今の感覚よりテレビに出るって凄いことだから、あの頃のアイドルは大変ですね。

錦織　しかも住んでたのが下町だからね。アイドルとは真逆の価値観でしょう。よっちゃんは中野新橋のバイク屋の息子だけど、下町の俺からすると、それでも凄くセレブに見えた。1歳しか違わないよっちゃんが「ハーイ、ジャニーさん」って言うんだよ。

——それのどこがセレブなんですか（笑）

錦織　どうしても俺はなじめなくて。下町で「ハーイ」なんて言ったら、俺の人生が終わっちゃう。荒川の鉄橋の下に呼び出しだから（笑）

——「ハーイ」って何だと（笑）

錦織　そう。とにかくこの頃はショックなことがいっぱいあったんだよ。だってまだ子供じゃん。

——以前、当時の「金八先生」のプロデューサーが「ひとりいい子がいて、その子にしようと思ったら、スケジュールの関係で駄目になった」と話されていたことがあるのですが、それは錦織さんではなかったのですか？

錦織　俺じゃないと思う。「金八先生」のオーディションは、その気分じゃなかったから断ったのよ。

——誘われてはいたんですね！

錦織　うん。でも中2だったのに中3の役だし、「『金八』に出たらスターになれる」というのもその後の話で、当時は何の保証もないしね。

——最初の「金八」がブレイクしたから、そういう通説が生まれたんですもんね。

錦織　そう。この時代にはなかった話だから。高校受験の1年前だよ。いろんなことを考えちゃってね。

——それで「もう辞めちゃおうかな」と。

錦織　そうね。そんな感じ。

——そうしたら、たのきんトリオがブレイクして……。

錦織　そんなこんなで、しばらくレッスンに行かなくなったんだ。

『成りあがり』に背中を押される

――高校受験のため、ジャニーズのレッスンに通うのを一時期お休みしたということですが、今みたいにメールもない時代ですよね。「しばらく休みます」と口頭で伝えたんですか？

錦織　何も言ってない。ただ、プッツリ行かなくなった。芸能界とはそれで縁が切れて、『昔、そういうところに通っていたんだよ』でいいんじゃないか」なんて思ったりもして。

――「少年時代の思い出」みたいな。

錦織　うん。その頃に永ちゃんの『成りあがり』が出たんだよ。

――初版が1978年なので、錦織さんは中学1年生ですね。

錦織　そのくらいだったね。

――もともとキャロルが好きだったから。

錦織　俺らの時代というのは、女の子はアイドルに目覚めて、男はビートルズを聴いたりとか、それこそ矢沢だったりとか、そっちに行くのね。割と下町はその辺が早いのよ。兄弟の影響もあるだろうし。

――やっぱり下町とロックンロールの相性はいいんですかね。

錦織　いいのかもしれない。周りはアナーキーとかいろいろ聴いていたから。その中で俺はキャロルだった。友達の兄ちゃんのステレオで聴いたりして。それで出会ったのが矢沢永吉。

――キャロルの解散が1975年だから、ソロになりたての矢沢さん。

錦織　カッコよかったんだ。「E・YAZAWA」って入っているあのデザインも含めて。

――ジャニーズの世界とは、真逆な気もしますが？

錦織　そうだけど……。本当に『成りあがり』に影響されたわけよ。読んでて「ゾクゾク、ゾクゾク」ってしてくるんだよね。貧しかった時代の話とか。「お金がなかった。簡単に稼ぐ方法も考えたけど、何もできなかった。だから音楽しかなかった」って。

――当時の若者のバイブルだったんですよね。

錦織　永ちゃんも「この本なんか回し読みしてもらって構わないし、俺のようにロックミュージシャンになれって書いてある本じゃないよ」って言ってるの。「これを読んで『永ちゃんの生き方に影響を受けて医者になりました』とか『パイロットになりました』っていう人間が出てきたら俺は嬉しいんだ」みたいな言い方をしている。それを読んで「一丁やってみっか」って想いがフツフツと。

――なるほど。そこで「俺もちゃんとアイドルをやろう」と、高校受験を終えてジャニーズに戻ったんですね。それが1981年か。

錦織　そう。だから完全に『成りあがり』に背中を押されたんだよね。ロックとアイドルは正反対のものなんだけど、永ちゃんが言うように「これも成りあがる手段だ」と俺は思ったのよ。

――「ロックをやるだけが成りあがりじゃない」と。

錦織　そう。あくまで手段だからね。もっと言えば少年隊というのも、俺が世に出るための手段だったかもしれない。「とにかく、俺も世に出なきゃ、出なきゃ」って触発されちゃったから。

――その器がジャニーズであり、少年隊だったかもしれないと。

錦織　衣裳にしても、『仮面舞踏会』で銀のバンダナ巻いていたり、それがもともと俺の好きなスタイルかと言ったら、そうじゃないから。そんなの下町の世界観ではありえないし、俺がああいう格好をしたら、それまでの友達を失うのよ。「何やってんの、お前?」って。友達はヤンキーばかりだったからさ（笑）

――それを聞くと「歴史のｉｆ」ではないけど、錦織さんが江戸川区に2歳で引っ越したことは、かなり大きなことだったかもしれないですね。

錦織　確かに大きいよね。それまでとはまるで環境が違ったから。

――もし、世田谷に住んだままだったら、そこまでヤンキー文化に浸かってなかった可能性もありますよね。もうちょっと音楽オタクっぽいというか。

錦織　その可能性もなくはないよね。それと親父の一言も大きかった。

――お父さんが。

錦織　親父も独身の頃、「東宝の養成所に通っていた」って言ったじゃない？　でも、おじいちゃんの手伝いをしながらだったから穴を開ける時があって、「次に養成所に行った時には俺の名前がもうなかったんだよ」って言うわけ。「お前は、カブスカウトをやってたのを途中で辞めて野球を始めた。野球やってたのを辞めて、ジャニーズ事務所のレッスンに通うようになった。今度はそれも辞めるのか。じゃあ、次は何をやるんだ？」って言うんだよ。

――ああ。

錦織「名前が本当になくなるかもしれないんだぞ。よく考えろ」って言われたの。

――お父さんは錦織さんの芸能活動を応援されていたんですね。

錦織　応援してくれたというよりも、「男として一つのことをやり通せ」っていうね。

――それは初めて聞いたエピソードです。

錦織　俺はグローブを買ってもらったり、バットを買ってもらったりしても、必ずどこかに置き忘れるとか、1個失くすんだよね。「本当に1個じゃ終わらねえ子供だな」って言われていた。靴買いに行くといったら、途中で金を落としたりとか、やっぱり1個じゃ済まない。そういうことが、俺の中ですごくトラウマになっていたんだよね。

――レッスンを休んでいる間、ジャニーさんから電話がかかってきたりは？

錦織　ないない。全然ない。

――でも休んでいる間にジャニーズ事務所が大変なことになっていたと。

錦織　俺が「金八先生」のオーディションを断った直後から、事務所は急に忙しくなったのね。毎週のレッスンもなくなった。「金八」の影響で、入所希望者も一気に増えた。植草（克秀）や東山（紀之）が入ったのもこの頃だから。

――錦織さんは何て言って戻ったんですか？

錦織　高校に受かったから「ジャニーさんに報告しないと」と思って、「おかげさまで高校に合格しました」って電話したの。そうしたら「あ、そう。じゃあ、明日来て」って。どういうことだろう「明日来て」って（笑）

――いきなり「明日来て」（笑）

錦織　それでとりあえず行ったんだけど、1年ちょっと空いているうちに、凄い数の人がいるんだよ。「何これ？」って。しかも俺と同世代ばかり。１年前は高校生とか上のお兄ちゃんしかいなかったのに「何だこれは？」って。

――その1年は、ジャニーズ事務所にとっても大きな転換期だったということですね。錦織さんが休んでいたのが、中2からだから……。

錦織　１９７9年かな。１９７9年の後半と１９８０年が丸々いなくて、高校に入ったのが１９８１年だから、その頃にはもう。

――田原さんと近藤さんがデビューしたのが１９８０年だから、そのちょうど後ですね。田原さんは１９８０年の6月で、近藤さんがその年の12月デビュー。

錦織　それでジャニーさんと一緒に久しぶりにＴＢＳへ行ったんだけど、ちょうど「たのきん全力投球！」という番組を撮ってたのね。昔のＧスタで撮っていて。その螺旋階段を上がったところで「久しぶりじゃん」って声をかけてきたのが、これまたよっちゃんだったんだよ（笑）

――要所要所で（笑）

錦織　縁があるのよ。

――2回目の「入所」から、大展開が始まりますね。

錦織　そこから、再出発だよね。

第3章　東山紀之と植草克秀

それぞれの第一印象

――その頃ですか、東山さんと植草さんに会ったのは？

錦織　ほぼ同時だね。麴町時代の日本テレビだった。喫茶店の「トレビの泉」がある方の稽古場。そこで初めて会った。変だったのは、フジテレビの番組を日テレのリハーサル室で稽古していたこと（笑）

――確かに（笑）。ちなみに、東山さんと植草さん、それぞれの初対面の印象ってありますか？

錦織　その時の東山は坊主頭で、亡くなったボクシングの世界チャンピオンの大場政夫に似ていると思った。俺、大場が大好きだったから記憶に残ってたのよ。会った瞬間に「あ、大場だ」って（笑）

――あはは！　東山さんと会って何かピンと来るものはありましたか？

錦織　エネルギーは感じた。それも普通じゃないというか、ジャニーズ事務所の中で見ない顔というか……。ジャニーズ事務所というのはもう少し中性的なタイプが多かったから。でも、中性的じゃない大場政夫がそこにいた（笑）

――東山さんの中学生の頃の写真を見ても、ちょっと鋭い魅力ですもんね。どっちかというと可愛らしい顔というよりは……。

錦織　じゃないよね。本人も笑って歌う曲は好きじゃないと思うな。険しい顔をして歌う曲のほうが好きなんじゃない？

――では、植草さんは？

錦織　あいつ、お坊ちゃんなのよ。実家が千葉の材木屋で金持ちのお坊ちゃん。赤いブレザーに蝶ネクタイしているような。当時もエナメルの赤いバッグを肩から掛けて。

――可愛い（笑）

錦織　まだタレントじゃないのに、すでに出来上がっているのよ。少年少女合唱団に通っていたらしいし。

——すでにハイスペック（笑）

錦織　実際、あいつは本当にいろんなものを持っていたよ。だって、ジャニーズに入る前に、家族で世界一周旅行していたくらいだから。でも、実家が裕福だと、ハングリーじゃないのは踊りに出るよね（笑）

——いやいや（笑）。たしかに当時で世界旅行は凄いですね。それで東山さん、植草さんと出会うわけですが、練習生の時代に3人で出かけたりとかはしなかったんですか？気が合ったかどうかとか、その辺りはどうなんでしょう。

錦織　気が合ったと思う。東山とふたりで「『ロッキー』を観に行こう！」と盛り上がったことがあってさ。『ロッキー3』だったかな。ボクサーの大場政夫似の東山と（笑）。それで映画館の中に入って、いざ始まったんだけど、『ロッキー』にしちゃ、なんかどんよりしてるんだよね。「今度のロッキーはちょっと違うな」なんて思ってさ。

——はあ。

錦織　そのうち、なんかすごくオーバーにデフォルメした東京の街が出て来て「あれ？」って。そうしたら宇宙船みたいなのが「ビューン」って飛び始めたから、「これは絶対におかしい」と。そうしたら『ブレードランナー』だったという（笑）

――なんだそれ（笑）。めっちゃ面白い！　東山さんと二人きりでというのが、少年隊ファンからすると痺れるエピソードです。

錦織　『ロッキー3』はその翌週からだったの。新聞広告に載ってたからすぐ行ったんだけど、早とちりで翌週スタートだった。

――その頃は東山さんも原宿の合宿所にいたのですか？

錦織　俺も東山もまだ実家から通ってた。でも、ジャニーさんから「遊びに来い」って言われていたから、ふたりとも合宿所に泊まることもあった。ジャニーさんの部屋に行くとビデオがいっぱいあって、今の人は信じられないと思うけど、俺たちが高校くらいの時は、ビデオデッキもまだ完全には普及していなかったから珍しくて。それで、ジャニーさんの部屋でＭＴＶとかを随分観たね。

――この頃は何か具体的な仕事はあったんですか？

錦織　それがあったんだ。「ＹＯＵ、今はこれをやってて」って。

――何の仕事ですか？

錦織　テレビ。この頃マッチがテレビの公開バラエティー番組をやっていたんだけど、忙しかったから、カメラリハーサルまで立ち会えないのね。それで、俺らがマッチの代わりを務めて、アンダースタディじゃないけど、本番もちょこっと出演するという。日本テレビの白井荘也さん（註：「カックラキン大放送!!」などを手掛けた名物プロデューサー）がディレクションしていた番組で。

――そこに一緒に行ったのが、東山さんと植草さんですか？

錦織　いや、別の同い年のやつ。カメリハで歌を歌ったり、コントの部分もちょっとやったり。マッチはその間、別の現場で仕事をやっていて、現場に入ったら、リハはやらないでポーンと本番に入る。それまでのことは、俺たちが全部やっておくわけ。

――なるほど。

錦織　白井さんとは縁があってね。というのも初舞台の狩人のコンサートの寸劇も白井さんの演出だった。狩人って「スタ誕」出身だから、日テレ系なのよ。

ジャニーズ少年隊

――では、東山さん、植草さんとの初仕事は……。

錦織　たのきんトリオがファンと一緒に海外に行った「たのきんツアー」というのがあって、そこに東山と植草と俺、それに松原（康行）も一緒に行った。ロスとハワイに行ったんだけど、俺にとってはこれが初めての海外で。

――秀樹さんじゃない方の松原さんですね。

錦織　そう。大田区・雑色《ぞうしき》の商店街にあった、ラーメン屋のせがれの松原（笑）

――松原康行さんはジャニーさんの好きな顔というか、草彅剛さんにどことなく似ているかもしれません。なんかこう優しい顔をしていて。

錦織　実際、優しいやつだったね。顔に出ている通りの性格。松原もわりと踊れたんだよな。この4人がいわゆる最初の少年隊。当時は「ジャニーズ少年隊」ね。

――初めての海外の印象はどうでした？

錦織　印象もへったくれもないよ。まだ円が弱かった頃だから、何もかも物価が高くて買い物どころじゃないし。

――ああ、プラザ合意前ですもんね。

錦織　俺、家が金持ちじゃなかったのに「海外に行く」って言ったら親が頑張ってくれて、スーツケースを買ってくれたの。その上、10万円も渡してくれてさ。後にも先にも親からもらった一番の高額がその10万円。でも無駄遣いしないで、7、8万円は戻したよ。「あんまり使わなかった」って言ってね。なけなしの金だもの。お土産をちょこっと買ったぐらいだったから。

――錦織さんらしいですね……。その「ジャニーズ少年隊」というグループはジャニーさんが作ったんですか？　それとも、何となく3人が仲が良くて「この3人は相性がいい」となったのか。どっちなんですか？

錦織　たまたまだよ。自然にそうなっただけ。マッチのバックダンサーとかも3人と、もうひとりの鈴木（則行）というやつが一緒にやっていたけど。彼はその後ピンク・レディーの未唯さんと仕事するようになって。

――実は僕、「未唯さんのマネージャー」として普通に鈴木さんと会話してて、途中で「元少年隊」と気がついてめちゃくちゃ驚きました。

錦織　最初、マッチのバックダンサーはその4人だったから。

――松原さんじゃなくて？

錦織　松原じゃなかった。

――そのときは錦織、東山、植草の少年隊とプラス鈴木さんだったんですか？

錦織　というか「少年隊」というのは研究生のいわば総称なの。鈴木も含めての少年隊。

――今で言う「ジュニア」のような一括りにする感じですか？

錦織　まさにそれ。ジャニーさんが「ジャニーズJr.」という言葉を封印していた時代に、研究生をまとめて「少年隊」って呼んでたの。それが「ジャニーズ少年隊」のことで。「ジュニアじゃなくて少年隊にしよう」ってなったわけ。それで後に俺たちが「少年隊」をそのままグループ名にしちゃったんだけど。それで研究生はもう一回「ジュニア」に戻ったの。

――この辺りの由来も、あらためて聞くと興味深いですね。

錦織　つまり、俺たちはデビューにあたってグループ名を決めなかった唯一のチームになるんだよね。ジャニーさんに「そのまま行こう」って言われたから。だから、最初はその4人だね。

――知らなかった。鈴木則行さんは知っていたけど。

錦織　鈴木も一緒にやっていたんだけど。東山と仲が悪くて（笑）

――へえ。

錦織　さっき言ったマッチのバラエティー番組も、出ていたのは俺と鈴木だから。

――いやー驚きました。あの鈴木則行さんがプレ少年隊のメンバーだったなんて。もしかしたら「4人目の少年隊」になる可能性もあったということですよね？

錦織　可能性はあったね。でも、ジャニーさんが「たのきんツアー」で海外に連れて行ったのは、鈴木じゃなくて松原だった。それは全部ジャニーさんが決めたの。そんな経緯があったから、「俺たちは一心同体。この3人でいつも一緒にいようぜ」なんて全然思っていない。

――そんな関係性だったんですね。

錦織　鈴木がいなくなって3人で歌うようになったのも、単に物理的な問題だから。
――どういうことですか？
錦織　マッチのコンサートでは、マッチが前にいて、俺たち3人がその後ろに立つというフォーメーションになるじゃない。俺が真ん中のちょっと後ろで、マッチの斜め後ろ側で踊りを見せるとか、そういうフォーメーションを組みながらやる。
――バランスの問題だったんですね。
錦織　マッチが次の衣裳に着替える時に、時間稼ぎじゃないけど、俺ら3人が歌ったり、バク転したり、ショーみたいなことはやっていたのね。そこはジャニーさんが思うに4人じゃなかったんだろうね。

大河ドラマ「峠の群像」に出演

――重要なのが、ジャニーズ少年隊としての活動と並行して、錦織一清個人としてもすでに活動していることです。1982年には、なんとNHKの大河ドラマ「峠の群像」に出演。

錦織　17歳の時ね。原作は堺屋太一さん。実は意外とこれが分岐点になってもいて。

――そもそも、どういういきさつでキャスティングされたんですか？　オーディション？

錦織　オーディションじゃないの。ＮＨＫの人間のところに、ジャニーさんに連れて行かれてあっさり決まった。16歳の時に行って、17歳になって撮影が始まったから。

――役柄とイメージがはまったんでしょうね。

錦織　そうだろうね。

――それまでもドラマには出演されていたとしても、大河ドラマですからね。豪華俳優陣が揃う現場に行ったのは、この「峠の群像」が最初ですか？

錦織　そうなるね。大物ばっかりだから怖くてさ。恐々とやってたよ。

――ご両親は喜んでいましたか？

錦織　喜んだのかなあ……。親父が喜んだのは、芝居自体ではなくて、オープニングに「清水一学　錦織一清」って筆文字で出た時、それは喜んでたね。

――東宝の養成所にいたお父さんですからね。錦織さん自身はどうだったんですか？

錦織　俺、もともとは芝居がやりたかったから。やっぱり親父が東宝にいたのもあるし、義理の叔父……もう亡くなったんだけど、親父の妹の旦那が中平哲仟《なかひらてっせん》という日活の役者だったの。いわゆる大部屋俳優で。

――そうだったんですね。

錦織　風間杜夫さんと一緒にお酒を呑んだ時に、「実は日活の大部屋俳優に、うちの叔父がいまして」という話をしたの。風間さんは「にっかつロマンポルノ」をやっていたんで詳しいわけよ。「何て人?」「中平哲仟です」「あ、中平さんは確かにいたよ」って。ジュリー（沢田研二）の『太陽を盗んだ男』にもちょこっと出ている。

――じゃあ、芸能に行く環境はもともとあって、中でも役者に進むという選択肢もごく自然だったんですね。

錦織　そうかもね。この頃は、ジャニーさんも俺を時代劇の道に持っていこうと思っていた時でもあって。

――そういえば「峠の群像」には、野村義男さんも……。

錦織　そう。よっちゃんと一緒。

――薬丸（裕英）さんも出ています。

錦織　そうだっけ?　薬丸は全然憶えてないけど、よっちゃんとはよく一緒にスタジオに通ってた。

――所ジョージさんも出ていたんですね。

錦織　出ていたのかなあ……。まあいろいろな人が出ていたよね。十数年前にドラマで共演した光石研さんもよく稽古場で一緒になって、「光石さん、あの頃よく会いましたね、稽古場で」って言ったら、「錦織君、それ覚えてた？」みたいなね。

――みなさん、駆け出しの時代で。

錦織　そうだよ。俺も駆け出しじゃない？　そうすると、事務所以外の世界でいろんなことを経験して、いろんなことを味わうことになるわけ。大石内蔵助を緒形拳さんがやって、吉良上野介を伊丹十三さんがやる。

――錚々たる面々です。

錦織　俺は清水一学という吉良家の側の役だったから伊丹十三さんと一緒になることが多かったんだけど、そういう大御所の人たちがいるというのが別世界で。

――大石内蔵助が緒形拳さん。石野七郎次が松平健さん。その他に、多岐川裕美さん、丘みつ子さんと……。

錦織　片岡源五右衛門が郷ひろみさんだから。飛脚屋伝平が愛川欽也さん。

――小林薫さんも出ていますね。浅野内匠頭が隆大介さん。

錦織　スタジオには進行表が貼ってあって、そこに撮影の順番が書いてある。俺なんか早朝から入って、かつらをつけたまま、ずーっと待っているんだけど、他に忙しい人がいるから出番が後回し後回しになって、朝からいたのに出番が真夜中だったりとかさ。

――メイクもしているのに？

錦織　そう。夜中回し。

——朝の6時とか7時に入って？

錦織　もっと早い。早朝から入るんだけど、どんどん順番を変えられちゃう。

——忙しい人優先で。

錦織「ああ、こういうもんなんだな」って思った。だから俺の中では「これは勝たないといけない」と本当に思ったよ。

——その間、ずっと撮影を見ていたんですか？

錦織　自分の楽屋なんかないから、ずっと廊下で待ってた。それで撮影が終わると、NHKにタオルと石鹸を借りて、シャワーを浴びて原宿の合宿所まで歩いて帰るの。基本は一人で通ってたから。

——マネージャーとか付き人とかは……。

錦織　いない、いない。少年隊の前だもん。

——ジャニーさんは撮影に来てなかったんですか？

錦織　たまに来ていたかな。ジャニーさんが俺によく言ってたのは「マネージャー、マネージャーってみんな言うけど、一人で通う方がテレビ局の人は可愛がってくれるのよ」って。

――確かにその方がコミュニケーションが取りやすいですよね。

錦織　「YOUがひとりで行った方が、みんなが応援してくれるから」って。それで空いた時間に、着物の所作とか、立って歩いたりとか、そういうのを教えてくれたのが若駒冒険グループ。蹲踞《そんきょ》と呼ばれる座り方とか、時代劇の所作を若駒さんが教えてくれたの。仲のいい人がいっぱいいいて。

――時間は有り余っているから、教わる時間だけはある。

錦織　この何年も後に、渡辺謙さんと滝田栄さんの「巌流島　小次郎と武蔵」っていうNHKの大型時代劇に出たんだけど、その時に久しぶりに若駒さんに会って、俺の座っている姿勢が悪かったんだろうね。「錦織、忘れたのかお前、蹲踞だ、蹲踞。もっとこうだろう」って座り方を直してくれたんだよ。

――錦織さんがジャニーズの後輩の舞台を演出している時の映像を見たことがありますが、殺陣《たて》の指導もしていましたよね。

錦織　それも若駒さんに習ったから。米印で切っていくという「八方斬り」というのがあってそのやり方とか、刀を鞘に納めるやり方とか。それ以外にも茶道とか、いろいろ教わったね。

――それは演出上、必要だったんですか？

錦織　うん。清水一学というのはいわゆる小姓だから、武道だけではなくて、いろいろな所作ができなきゃいけない。伊丹さんがセリフを言っている後ろで、黙ってお茶を点《た》てているシーンとかもあってさ。だからお茶の指導も受けた。

——もちろんセリフもあったんですよね。不慣れな時代劇じゃないですか。そこは苦労しなかったんですか？

錦織　苦労した、苦労した。「浅野の浪士だな」という単純なセリフがなかなか言えなかったんだよ。今だったら「浅野の浪士」ってすぐ言えるけど、「浅野の」の後に「ろ」が来るのが難しくて、「浅野の浪士」「浅野の浪士」「浅野の浪士」って、ずっと自分で練習していたの。それを楽屋で「あいつ何言ってんだ」って聞いていたのが毒蝮三太夫さんという（笑）

——（笑）

錦織　それで俺が24、25の時かな、「スーパーギャング」（TBSラジオ）というラジオの深夜放送やってた時に、毒蝮さんがゲストで出てくれたことがあったんだよ。そしたら毒蝮さんが「よお、元気か、浅野の浪士」って（笑）

——ハハハ。

錦織　覚えてたんだよ（笑）。「お前、あの時ずーっと練習してたな」って。嬉しくってさ。

8、9年ぶりに会った毒蝮さんが、「元気だったか、浅野の浪士」って。

――いい話（笑）。それはクライマックスの討ち入りの場面ですか？

錦織　その少し前かな。駕籠《かご》かなんかがバッと開いて、急いで言わなきゃいけないっていう場面なのよ。「浅野の浪士だな」って言って、シュって刀を入れるところ。駕籠をめくってというシーンなんだけど、他の出演者の時間もあって撮り直しが利かないから、余計緊張するじゃん。だからずっと練習してたんだ。

――「峠の群像」は僕が小3の時ですけど、リアルタイムで観てたんですよ。「峠」に「ぐんぞう」って名前の主人公がいて、その人が途中から出てくると信じて観ていました（笑）

錦織　前作は佐久間良子さんの「おんな太閤記」で、その次の大河ドラマだったよね。

――どのくらいの期間、出演してたのですか？

錦織　最初から最後の討ち入りのシーンまで。俺が死ぬシーンもあるから。

――クライマックスも出てますよね。

錦織　今観るのはちょっと怖いかも（笑）

二軍に厳しい一軍監督

——他のメンバーもこの時にそれぞれで動いてたんですよね。植草さんもNHKの歌番組「レッツゴーヤング」のサンデーズの一員で。

錦織　実は、あれも最初NHKの指名は俺だったの。昔はNHKに出るためにオーディションがあって、それを受けて通らないと出られなかった。それで「錦織をサンデーズに」ってNHKは思っていたらしくて。

——それがなぜ植草さんになったのですか?

錦織　俺が「峠の群像」に出ていたから。どちらの番組も日曜日の放送で、今はどうかわからないけど、当時のNHKには「演者は同じ曜日の番組に二つ以上出ちゃいけない」みたいな不文律があって、それで植草になった。そう言うと植草はショックを受けちゃうかもしれないけど。

——植草さんは、サンデーズの一員だったことに凄くプライドを持たれているはずです。

錦織　そうか……。でも、本当のことを言うと違うの。

——でもジャニーさんからしたら、植草さんは歌が上手いからというのもあったんでしょうね。サンデーズのリーダーにしたのは。

錦織　植草がサンデーズをやっていた時、デューク・エイセスの和田(昭治)さんが、青山の自宅でボーカルレッスンをやっていて、俺たちもそこに何年も通ったんだよ。俺がフオーリーブスの譜面をもらってきて、それをコピーして「先生、今日の課題曲はこれでお願いします」って。それをずっとやっていたね。

――東山さんも行っていたんですか？

錦織　行ってた。先生は冬場にストーブを点《つ》けてくれて、「ちょっと待ってな」って優しかったりもするんだけど、歌についてはめちゃくちゃスパルタな先生なんだよ。ピコピコハンマーを持ってて、俺は殴られたことはないんだけど、植草がしょっちゅうぶっ叩かれてた（笑）。「あなたはね、フラットしたのを気づかないか！」って言ってはパコーン！

――ハハハ。

錦織　まあ、あいつはキャラクターとして可愛がられてたんだよね。

――わかる気がします。それで錦織さんは17歳で「峠の群像」に出演して、同時期にひかる一平さん主演の映画『胸さわぎの放課後』に出ていましたよね。

錦織　出てた。そのときに一平のバックダンサーもやっていたんだもん。

――錦織さんはソロデビューの話ってなかったんですか？

錦織　なかったね。ただ、キャンパスリップのＣＭとかには出てるんだな。今、YouTubeに上がってるんだけど。

――僕が初めて錦織さんを知ったのは、そのＣＭです！　ずっと疑問なのですが、ジャニーさんって本当に人を見る目があって、グループを組織するにしても絶妙な差配をするじゃないですか。単純に「踊れる」「歌える」「かっこいい」という基準だけではなくて、いろいろな個性を持った人たちをひとつのグループとしてまとめ上げますよね。例えば植草さんやV6の長野（博）さん、嵐の相葉（雅紀）さんのようなチームの潤滑油になるような子をグループに入れたりとか、そういうセンスも抜群じゃないですか。

錦織　あるある。

――そこで疑問なのは、相性みたいなものもあっただろうとは思うんですけど、なぜ錦織一清という人間をソロアーティストとして世に出さなかったのかという。

錦織　それはジャニーさんの中で何か考えがあったんだろうね。

――錦織一清さんって、ポテンシャルや才能だけで言えばソロでもデビューできたと思うのですが。

錦織　うーん、俺がソロになっちゃったら、ジャニーさんは少年隊を作れないんだよ。

――なるほど。ソロアーティストとしてよりも、パーフェクトなグループをつくりたいという。

錦織　ジャニーさんは最初から「少年隊はグループじゃない」って言い方をしてた。「個人が集まったグループなんだよ、これは」って。だから3人で100パーセントじゃなくて、「300パーセントになってくれないか」と。これは植草に聞いてもらってもわかると思う。

——国分（太一）さんはジャニーさんのことを「（若い子をどうやって世に出すかということに命を懸けていた）二軍の監督だった」と亡くなった時に発言していましたが……。

錦織　いやいや、俺は決してジャニーさんは、二軍の監督だとは思ってない。それは語弊があると思ってるの。そうではなく、ジャニーさんは「二軍に厳しい一軍の監督」だから。

——なるほど。

錦織　もっと言えば、ジャニーさんは「本当に野球のことにうるさい渡邉恒雄」（笑）

——本当に野球が大好きな主筆（笑）

錦織　そう。「本当に野球をよく知ってる渡邉恒雄」。まあ、正力松太郎でもいいんだけど。

——ニュアンスが難しいですが、確かに二軍監督ではないですよね。

錦織　そう。だからジャニーさんは、二軍の選手にも自らノックして鍛える一軍の監督。いつだって千本ノックだから。あれはノックする方も大変でしょ。疲れるんだよ。だけど、ジャニーさんは自分もヘトヘトになるまでやってくれる。でも、その一軍の監督もジャニーさんだよ。

——今のジャイアンツだと、原監督が二軍で一緒に汗にまみれているようなものですね。

錦織　そう。「ＹＯＵに二軍を任せておけないよ」って。

――二軍のグラウンドで原監督が直接鍛えるようなものだと。

錦織　でもジャニーさんという一軍監督がずっとぼけているのが、「監督どうしましょう。東京ドームでそろそろ一軍の試合が始まっちゃいそうなんですけど」「え？　まだノック終わってないからやってて」って（笑）

――「コーチに任せておけ」って（笑）

錦織　実際、長嶋さんがそうなんだってね。明石家さんまさんがドームに行った時、当時監督だった長嶋さんと話し込んだらしいのよ。そしたら午後6時になっちゃって、「すみません、長嶋さん。6時になっちゃいました」「さんちゃん、大丈夫大丈夫。試合もうやってるから」って言ったらしい（笑）

――いい話！

錦織　素敵でしょう。俺はこの話が本当に大好きで（笑）

――とにかくジャニーさんは一軍も二軍も分け隔てなく接していたということですね。

錦織　そうそう。ジャニーさんって四六時中ジュニアと一緒にいたでしょう。ある時「僕は少年隊と知り合いだよ」ってジャニーさんが言ったら、Ｖ６の井ノ原（快彦）が「嘘だあ。ジャニーさん少年隊に会ったことあるの？」って言ったらしいんだよ（笑）

――イノッチも毎日ジャニーさんと遊んでいたから。

錦織　草彅もそうだって。「ジャニーさん、本当に少年隊に会ったことあるの?」って聞いたらしい。

――草彅さんは、もともと少年隊のファンですもんね。

錦織　ジャニーさんはずっとそう言われてたっていう。俺は「それもかわいそうだな」って思ったけど、「あの身なりからすると、しょうがねえかな」みたいにも思ってさ。

――逆に凄いですよね。

錦織　でもジャニーさんは、そんなことでは怒らない。「さあ、どうかな?」って(笑)。「僕はあんまり話したことないよ」って言ったかもしれない。ジャニーさんって冗談が大好きなんだよ。俺に輪をかけて冗談好きだから。

――聞けば聞くほど、ジャニーさんは凄い人ですね。

錦織　だから俺はジャニーさんは二軍監督ではないと思う。「監督、一軍の試合が始まっちゃいます」って言ったら、「それどころじゃないよ。今やっとかないと次がないんだよ」っていう。ジャニーさんはいつだって次の一軍を作るのに必死なんだよ。

――だからこそ次々とすばらしいグループが生まれたんですね。

錦織　そう。だからジャニーズ事務所のどこを掘っても、必ずその先にはジャニーさんがいる。地下のマグマのようにね。それは本当にそうだからさ。

ショッカーに憧れて

――先ほど17歳の時にキャンパスリップのCMに出演した話が出ましたけど、いきなりバク宙をきれいに決めています。

錦織　小さい頃からやっていたからね。きっかけは「仮面ライダー」。俺が小学校に上がる前、1971年に始まったんだけど、あれを見た時の衝撃たるや。

――直撃世代ですね。

錦織　俺たちの世代にとって、仮面ライダーの影響は本当に大きい。幼稚園の時には「仮面ライダーごっこ」が禁止になったぐらいだから。滑り台の上からライダージャンプをして、足の骨を折った子がいて。画用紙で作った変身ベルトを巻けば、本当に飛べると思ってしまう（笑）

――（笑）。錦織さんも、仮面ライダーに魅せられたと。

錦織　入口はそうなんだけど、特に憧れたのはショッカー（笑）

――ショッカーに憧れたんですか？

錦織　考えてもみてよ。派手に動くし、くるくる回りながら高いところから落っこちたり、バク転しながら死んで行ったり（笑）。子供ながらに「この人たちの方が大変な仕事なんじゃないか」って思ってさ。

――それに気付く子供も珍しい（笑）

錦織　それで真似をするようになったんだけど、幼稚園から中学までずっと一緒だった同級生に根岸裕次という子がいて。運動神経抜群なの。足も速くて、水泳も上手で、頭もよくて、俺の憧れだった。そいつが砂場で、バク転したんだよ。それが幼稚園の時で、「うわ、ショッカーだ！」って。そこから俺も砂場で猛練習よ。

――幼稚園で！

錦織　だから幼稚園ですでにバク転はできたの。根岸のおかげでね。小学校に入ってからは、おふくろのママさんバレーに付いていって、待っている間にそこのマットを借りてずっと練習してた。それでいつの間にかバク宙もできてたな。だから根岸くんとママさんバレーのおかげなんだよ。

――そう簡単にはできないと思いますが……。

錦織　ついには、体育館の朝礼台の上からバク宙で飛び降りたりとか（笑）。「他の子が真似するからやめさせろ」って、学校から親のところに電話かかって来たんだから。それはそうだよね、下手《へた》したら大ケガするところだもの。本当は地べたより朝礼台からバク宙したほうがやりやすいんだけど。

——ちなみに、小6で初めてジャニーさんと会った時も、バク転は披露したんですか？

錦織　うん。姉貴がプロフィールに書いていたしね。当時、ジャニーズでバク転ができるのが北公次さんくらいしかいなかった。だから重宝されたのかもしれない。

——それでジャニーさんは「YOU、天才だよ」って言ったのかもしれませんね。

錦織　ただ、しょせん我流のバク転なのよ。それを直してくれたのが例の「峠の群像」で指導してもらった若駒冒険グループさん。

——なるほど。

錦織　別の番組で一緒になった時、「俺たちは毎週必ず体育館を借りて練習してるから、よかったらお前らも来ないか」って俺と東山だけ誘われた。

——植草さんは？

錦織　呼ばれなかった（笑）

——えー（笑）

錦織　俺と東山が仲良くて行ったわけじゃないよ。当時はみんな合宿所だったけど、植草は朝起きないから（笑）。一回だけ連れて行ったら、植草はマットの上で寝てんだよ。若駒の人に言われたもん。「錦織よお、だからあいつ連れてくんなって言ったじゃないか」

って（笑）

――（笑）。で、必死に練習したと。秘訣を教わったんですか？

錦織　「バク転は後方に距離を出した方がいいよ」って言うんだよ。距離を出すのはバク転。「バク宙は肩で上げろ。こう持ってけ」って、肩でグワンと上げるのがバク宙。それでうまく回る。そこで猛特訓。若駒の道着を持っていたくらいだもの。

――そういえば、東山さんもよくバク宙をしていましたよね。

錦織　やってる、やってる。俺たちは全部習ったから。

――植草さんも時々バク転しますけどね。

錦織　あいつのは出たとこ勝負（笑）。ある時、トシちゃんのバックでベースを弾いていた（松原）秀樹くんが、「錦織、あの振りはやめた方がいいよ」って言うの。「植草のやつ、いつか頭から落っこって死んじゃうよ」って（笑）

――ハハハ。

錦織　「ボビー（註：ボビー吉野。振付師）に言ってやめさせないと。いい加減、あいつ死ぬから」って。

――東山さんも運動神経がいいですからね。

錦織　うん。俺もジャンプ力に自信あったんだけど、東山は俺より20センチぐらい高く跳ぶ。1メートルくらい跳ぶんじゃないかな。「バスケやってた」って言うんだけど、「バレーの方がいいんじゃないか」っていう跳び方だから。

――東山さんとは、そういった話もしたんですか？

錦織　当時は割とね。東山も「体操選手になりたかった」って言うから、「俺もだよ」って話になったり。

ダンスとバスケの親和性

――気になるのは、その錦織さんの運動能力や運動神経は、そのままダンスにも活きたのかということなのですが。つまり、運動神経がいい人は、みんなダンスが上手いのか。それとも、実は全然違うものなのか。

錦織　ダンスをどのように捉えるかによって、それぞれだと思う。クラシックバレエの大技なんて、新体操をずっとやっていた女性ならばできちゃうしね。でも、その技ができたからといって、バレエやダンスが上手いということにはならない。

――なるほど。

錦織　踊りというのはトータルのものだから。音楽と合わせてやるものが踊りだと俺は思っている。いわゆる体育とは違うんだよ。あくまでもリズムを感じながらやるものだから。

――ええ。

錦織　俺はバスケットボールもやっていたから言うわけじゃないけど、バスケにはトラベリングと言うんだけど、「ボールを持った状態で3歩以上歩いてはいけない」というルールがあるでしょう。ボールを持ったら、3歩歩く前に一度ボールをコートにバウンドさせなきゃいけない。

――必然的にリズムの中に身を置くことになりますね。

錦織　となると、リズム的には「ツタタ、ツタタ、ツタタ」って三連打よ。「タタタ、タタタ、タタタ」「ディディディ、ディディディ、ディディディ」だから。

――ボールをついたら歩いて、ついたら歩いて……。

錦織　ついたら歩いて。それは三連なんだよね。四分の四だとしたら、自分の体の中に「ディディディディ」って取れることが、踊りにとってのリズム感。バスケをやっている人って割と踊りに向くんじゃないかな。

――親和性があるのかもしれないですね。

錦織　実際、NBAには黒人の選手が多いでしょう。黒人のビート感ってバスケで養われている部分もあるんじゃないのかな。もちろん、バスケも踊りもできない黒人もいるんだけど。メソッド的になってしまうけど、「ダダダ、ダダダ」「ダダダ、ダダダ」「ドン、パパッ」「ドン、パパッ」って全部リズムだよね。

――バスケとダンス、トラベリングというルールとリズムの三連が見事に符合しますね。

錦織　もちろんバスケの要素はそれだけではないけど、リズムでプレーを司ることが、他のスポーツよりも多分にあるんだと思う。

――先ほども話に出ましたが、東山さんもバスケの経験者ですね。

錦織　だから先ほどの質問に答えると、「ダンスが上手い」というのをどう捉えるかだよね。もちろん身体能力がある方が有利だけど、それがそのままダンスの巧拙に結び付くかというとそうじゃない。そこにさらに表現を上乗せしなきゃいけないわけだから。

――ちなみに錦織さんがジャニーズに入ってから、運動能力や音楽的なことを含めてダンスが「俺より凄いな」と思った人はいましたか？

錦織　もちろん後輩でいるとは思うけど、自分の目で直接見たのはいないかな。前にピンと来た子がいて、事務所の人間に「今度うちからいいグループ出たじゃん」「誰ですか？」「ＤＡ ＰＵＭＰっていうグループ」と言ったら、「錦織さん、それ大きい声で言わないで」「何で？」「あれ、うちじゃありません」って（笑）

――（笑）。ＩＳＳＡさんを見て、そう思ったんですか？

錦織　そう。ＩＳＳＡもこのエピソードを知っているの。だから「錦織先輩、錦織先輩」

って言って慕って来る（笑）

「ニシキ」と呼ぶのはジャニーさんだけ

――ジャニーズのタレントにとってニックネームは重要じゃないですか。「マッチ」とか「ヤックン」「モックン」「フックン」とか、昔は必ずニックネームがありましたよね。

錦織　そうそう。ジャニーズのタレントは基本的に本名でやっているから、余計ニックネームが重要なのかもしれない。

――錦織さんの場合は、「〝ニッキ〟なのか、〝ニシキ〟なのか問題」がありまして。

錦織　生まれてこの方、「ニシキ」なんて呼ばれたのはジャニーさんが初めて。うちの親戚とかは「カズ」だけど、ほとんどが「ニッキ」。なんでそうなったかって言うと、多分幼稚園児くらいって「ニシキ」って言えなかったんだろうね。

――小さい頃から「ニッキ、ニッキ」と呼ばれていたんですか。

錦織　幼稚園からね。昔からの友達はみんなそう。それが混在したのは、「セブンティーン」だったか雑誌の取材でニックネームを聞かれて、「事務所では〝ニシキ〟だけど、友達からは〝ニッキ〟って呼ばれていました」と答えて、そこから二つ存在し始めたのかもしれない。

――だから古くからのジャニーズの仲間は「ニシキ」って言うんですね。
錦織　そう。ただひとりだけ、山田卓先生という劇団四季とかでもやっていた振付師の先生だけは、「ニック」って呼ぶんだよ。でも、アメリカでは「ニック」が正解。先生は戦後にダンサーとして進駐軍の前で踊っていたらしいから。「ニッキ」というのはもっと親しくなって、おちゃらかして「ヘイ、ニッキ」とか言うんだって。
――へえ。
錦織　ニクラスという名前の人を「ニック」じゃなくて、「ニッキ」と呼んでみたりっていうのは、「何とかちゃん」みたいな呼び方なんだよ。アメリカへ行った時に、インタビューで「ニックネームは？」「ニッキです」って俺が答えた時に、アメリカ人からすると、ちょっと変に聞こえたかもしれない。
――ちょっと可愛い感じのね。
錦織　「ニック」が普通だから。「錦織」という名字だったら、向こうへ行ったら自ずと「ニック」になると思うよ。
――でもジャニーさんは「ニシキ」だったんですね、アメリカナイズされてる人だから「ニック」って言いそうなものですけど。
錦織　「錦織」という名字がジャニーさんには初めてだったんだろうね。「にしきおり」って呼ばれた時もあるけど、言いにくそうだった。だから「ニシキ」にしちゃったんだな。間違えて「さかきおり」とか言っている時もあった（笑）

――なんだそれ（笑）

錦織　「榊原」とか「柏原」とか、そういう名前の人とごっちゃになっちゃったんじゃないかな。そう言えばジャニーさんの電話帳って、A4サイズで何千件という連絡先が書いてあるんだけど、字が米粒のように小さい。それがギシーッと並んでいる。ジャニーさんはすでに老眼になっていて、「YOU、ここ読んでみて、番号は何番になってる？」って訊かれて時々見ることがあった。それで俺のところも見たんだけど、「錦織」って書けてなかった。凄い字になってた（笑）

――「綿識」とか？

錦織　そんな感じ。「電話番号、YOUのところこれでいいのかしら」って、パッと名前を見たら、電話番号は合っているけど、名前の字が全然違う。「ジャニーさん、よくこれで〝にしきおり〟と認知できるよね」って（笑）

――だから「ニシキ」とか「マッチ」とか、ニックネームが必要になるんですね。

錦織　「織」と「識」は似ているし、両方「糸偏」の時もあるからね。でも、それはジャニーさんだけじゃなくて、「綿織」と間違える人はいっぱいいた。

――「綿織」さん（笑）。ジャニーさんの有名な「YOU」も、一説によると「いっぱい人がいて、覚えられないから」みたいな話も聞いたことがありますけど。

錦織　どうだろうね。とにかくジャニーさんが人に「お前」という言葉を使っているのは聞いたことなくて。ずっと「YOU」なんだよね。「お前、最悪だよ」じゃないんだよ。「YOU、最悪」だから。

第4章　グシャグシャの日々

3人でのスタート

――高校生になってジャニーズに戻って、ドラマやCMに出たり、様々に活動の幅が広がっていきましたが、20歳で少年隊としてデビューするまではまだ時間がありますよね。ジャニーズでも、たのきんトリオに続いて1982年にはシブがき隊がデビューしていますが、その3人とは入所は同期ぐらいですか？

錦織　それがシブがき隊とは全然接点ないのよ。あの3人は合宿所生活じゃなかったから、ほとんど会ってない。一緒になったのって「ザ・ヤングベストテン」（テレビ東京）の時ぐらいかな。シブがき隊が「Aチーム」で、少年隊が「Bチーム」。番組が始まった1981年の時点で少年隊はまだ俺と植草と松原で、東山が松原と交代してその3人になったのは、その翌年1982年の春頃だったかな。

――よくファンの間で言われるのが、シブがき隊の一部と少年隊の一部が、本当はどこかで入れ替わってたかもしれないという。例えば、「植草さんがシブがき隊で」という。

錦織　それはなかったと思う。彼らとは全く別のところにいた感じだから。彼らがダンスのレッスンをしているのも見たことがないし。

――植草さんは「レッツゴーヤング」のサンデーズに入って、ボーカルをしていましたけど、歌の能力の高さを、ジャニーさんは見抜いていたんでしょうか？

錦織　それはあったかも。実際にあいつは子供の頃、合唱団に入っていたから無関係ではないかもしれない。

――デビュー前の活動を1982年頃から振り返りたいんですが、デビュー前にもかかわらずいろいろな番組に出演したり、精力的な活動をされていますよね。

錦織　そうそう。「夜のヒットスタジオ」（フジテレビ）にも初めて出たし。11月には「ハワイ音楽祭」があって、それが二度目の海外。その時に『ノック・ミー』という曲を、都倉俊一先生が作ってくれて。この頃は、まだジャニーズ少年隊だったかな。

——この時はもう錦織、植草、東山の3人で固定されていたんですか？
錦織　うん。もう松原はいなかった。
——ここで今のメンバーが固定されるわけですね。
錦織　この「ハワイ音楽祭」でもらった「金賞」と「ベスト振付賞」は、なぜか涙が出るほど嬉しかった。みんなで一生懸命やったのもそうだけど、振付の西条（満）先生も一緒にハワイに行ってくれて。ただ、この音楽祭はこの1回きりで終わったんだよ。
——最初で最後だったんですね。
錦織　その時に香港から来ていたのが、レスリー・チャン。『欲望の翼』とか『さらば、わが愛／覇王別姫』とか『ブエノスアイレス』とか凄い映画に出てたよね。自殺しちゃったけど。
——そんなこともあったんですね……。3人の露出もどんどん増えていきます。1983年1月には、東山さんが「ヤンヤン歌うスタジオ」（テレビ東京）のドラマに単独出演、2月には「レッツゴーヤング」に少年隊として初出演。4月には「ザ・ヒット・ステージ」（TBS）で愛川欽也さんと少年隊が司会。
錦織　昔の「ロッテ 歌のアルバム」みたいな番組だったね。そのレギュラーというか、「そこにいるダンスのお兄ちゃんたち」みたいな感じの出方だったよね。

――少年隊としてラジオのレギュラーも始まります。文化放送の「ジャンピングジャニー少年隊」。

錦織　そう。月〜金の夜10時から。まだ文化放送が四谷にある頃で。俺たちみたいな未成年のガキがやっている番組なのに、あるとき長距離トラックの運転手さんからハガキが来てさ。「お前たち、聞いてたよ。おかしくねえか？　俺みたいなやつが聞いてて笑っちゃったよ」って。「何をやってんだ、お前たちは。アイドルじゃないのか」だって（笑）

――いいじゃないですか（笑）。今に繋がっている気がしますね。

錦織　「ファンになっちゃった。他のアイドルと違う」って。それが凄く記憶にあるんだよね。

――1983年8月14日と28日には「たのきん3球コンサート」出演。ナゴヤ球場と大阪球場。

錦織　それ2回目の「3球コンサート」だね。1回目（81年）の後楽園球場は観に行っただけだから。

――スタジアムで歌うのって、どんな感じですか？

錦織　「ギャー！」って感じだし、実際何やってるかわかんないよね。野球場って広いからさ、全部がどさくさでやっているみたいなノリ。「ショーを作っている」という実感があんまりなかったね。

——手応えがあまり感じられない？

錦織　手応えというか……実は狭いところでやるショーの方が難しいのよ。お客さんとも至近距離だし。

幻の『ビー・バップ・ハイスクール』

——1983年の10月からは、TBS「ナイト・スクエア」準レギュラー、ニッポン放送で「ライブ・オン！少年隊」のレギュラー、フジテレビのドラマ「胸さわぎの放課後」出演。

錦織　郷太は俺の昔のことをよく知っているね（笑）

——資料を持ってきてるだけです（笑）。さすがにこの頃は僕もまだ幼かったんで。そして、1983年12月公開の映画『あいつとララバイ』にも出演。これは少年隊全員が出ていて、主題歌も担当していますが、錦織さんが主役ですよね。

錦織　そう。バイク好きの高校生の話。これには面白いエピソードがあって。楠みちはる先生のマンガが原作で、その映画化なんだけど、配給は東宝。ジャニーさんも製作に入っている。俺がこの映画に出ることになって、「あれほどジャニーさんに言ったのに！」と地団駄を踏んだエピソードがあるのよ。

――なんだろう？

錦織　「マンガを映画化するなら、こっちの方が絶対当たるよ」とジャニーさんに原作を持っていったことがあるんだけど、それが『ビー・バップ・ハイスクール』。

――ええ！

錦織　「ジャニーさん、このマンガの方が絶対にいいと思うよ。ウケると思うよ」って。結局『ビー・バップ・ハイスクール』は少し後の1985年に映画化されたけど、動員記録かなんか作ってかなりヒットしたでしょう。

――仮に少年隊が主演していたら、キャスティングはどうなってたんでしょうね。トオルとヒロシの取り合いになりそう。

錦織　植草は信雄の役とかね（笑）

――植草さんが読まれたら怒りますよ。

錦織　『あいつとララバイ』が「少年マガジン」連載で、『ビー・バップ・ハイスクール』は「ヤングマガジン」連載。同じ講談社だったんだよね。

――錦織さんはどちらも読んでいたんですね。

錦織　うん。でも、ジャニーさんに『ビー・バップ・ハイスクール』を渡したら、「YO

U、これ二人じゃない。それに不良だし」って嫌そうに言うのよ。

――確かに二人組のイメージが強いマンガですよね。ジャニーさんは「ヤンキー文化」は好きじゃなかったんですか？

錦織　ジャニーさんにとっての一番のヤンキーは『ハイティーン・ブギ』なのよ（笑）。あれが限界。

――『ハイティーン・ブギ』は、言わずと知れた近藤真彦さんの代表曲。

錦織　俺はもっとませていたからね。『嗚呼!!花の応援団』も好きで。その時代のツッパリ漫画と言えばね。

――ジャニーさんとは真逆の価値観ですね。

錦織　そこはそうかもね。俺は「マンガ家になろうか」と思っていたぐらい、マンガが好きだったわけだから。

――なるほど。

錦織　あれはもったいなかったなあ。もしあの映画を自分が演じていたとしたら、その後の展開も随分と変わった気がするんだよ。

18歳の反骨心とファースト・コンサート

――貴重なエピソードをありがとうございます。1983年の大晦日には「NHK紅白歌合戦」に近藤真彦さんのバックダンサーとして出演しています。曲は『ためいきロ・カ・ビ・リー』。この頃は、近藤さんと一緒の仕事が多いんですが、どんな感じだったんですか？　接し方というか。「お前ら、踊りうめえよな」みたいなノリなんですか？

錦織　そういうのではなかったけど……。マッチは下町の先輩に近い感じかな。「おい、お前よぉ、こうでよぉ」っていう感じだから。ジャニーズ事務所っぽくない。そういう意味では少し親しみはあったかもしれない。匂いというか。マッチも永ちゃんが好きだし。

――「ザ・ベストテン」や「紅白」にバックで出るときの気持ちはどうなんですか？　純粋に楽しいのか、「今に見てろよ。いつかメインで」と思うのか。

錦織　まあ、役割に徹していたよね。

――特別な考えもなく。

錦織　ない。ただ、最初にやった時だけど、マッチが下がって俺たちが残って歌い始めると、ファンのブーイングがエグいのよ。「お前らなんか観に来てねえよ」みたいな。

――露骨な感じですか？

錦織　露骨な感じ。「もう全然」って感じ。でも、その中で何割かはファンになってくれているんだよね。

――「お、活きのいいのが出たな」というか。

錦織　そうそう。

――それはちょっと、やる気が出るところじゃないんですか。バックじゃなくて、短い時間かもしれませんけど、「いっちょやってやろう！」みたいな気持ちはあったんですか？

錦織　あったかもしれない。今でもそうだけど、俺は他人の舞台で「よーし、ここで何かやってやろう」って、俺のことを知らない人に見てもらうのが大好き。「認知させてやろう」って燃えるわけよ。

――その方がより燃える性格なんですね。反骨心というか。

錦織　そうそう。反骨心。その気持ちは今でもあるよ。

――1984年になって、着々と露出は増えていきます。1月には「デラ」のCMに出演。コマーシャルソングの『感じだね……デラ』も歌っています。

錦織　これは明治製菓のチョコレートのCM。電通の仕切りで全面協力してくれて、曲まで作った。いかにもバブルに向かう時代の影響だよね。撮影もニューヨークだし。

——この『感じだね……デラ』は、2020年12月に発売された少年隊のデビュー35周年のベストアルバムにはフルバージョンが収録されていますが、「最初はCM用の15秒しかなかった」と聞いたように思うんですが。

錦織　最初はそうだったね。

——「♪オーマイデラ、デラ、デラ」のところだけしかなかったんですか。

錦織　それと「♪燃える情熱の〜」から始まる30秒バージョン。

——僕はこの曲で少年隊を知りました。大好きなんですよ。街に大きな看板が出ていたのを眺めていたことを思い出します。

錦織　恥ずかしいね。この曲があったから、4月にコンサートをやらなきゃいけなくなったんだよね。

——『感じだね……デラ』の印象はどうだったんですか？

錦織　エイトビートだから「早えなあ」って。チョコには赤・黒・黄の三色があって、俺が赤で東山が黒。「何で俺が黄色なんだよ」って、意味なく植草が怒っていたのがおかしくて。「なんで黄色が駄目なんだ」って(笑)

——赤か黒がよかったのかな。

錦織　わかんない。なんだったんだろう？　あいつ黄色のイメージが嫌だったんだね。

――ここから「ジャニーズの次のスターとして、少年隊をガンガン売り出そう」みたいな空気があったんですか？

錦織　あったかもしれない。バブルの影響もあったと思うけど、写真集を1冊出すためにエジプト、ローマ、パリ、ニューヨーク、ハワイと連れて行ってくれたから。

――この年から、怒濤の感じで仕事が押し寄せると……。

錦織　この時期は、ルーティンの仕事はあまりなくて、「これをやる」「あれをやるぞ」と突発的に予定が決まるのよ。その最たるものが、ニューヨークのステージ。「一竹辻が花」の創始者である染色家の久保田一竹先生がジャニーさんと仲良しで、ブルーミングデールズというニューヨークの有名なデパートで「ジャパンフェア」を催した時にその一角が着物の展示会場になっていて。「舞台みたいになっているから、ジャニーさん何かできますよ」と久保田先生に言われて、ジャニーさんが飛びついちゃって。

――突然のニューヨーク公演だったんですね。

錦織　お客さんは100人ぐらいいたのかな。デパートのお客さんだけど、その前でショーをやったり。

――1984年2月には近藤真彦さんの香港公演にゲストで出演して、4月5日には待望のファースト・コンサートを東京郵便貯金ホールで行っています。

錦織　メルパルクホールになったところね。そこで『感じだね……デラ』をやったのよ。

――でもまだ持ち歌は少ないですよね。他にはどんな曲を歌っていたんですか？

錦織　洋楽が多かったね。俺がほとんどの曲を選んだけど、スライ&ザ・ファミリー・ストーンとか。1時間半のステージを5回やったんだよ。「どう回すんだ」って思うでしょ？　早朝からやるんだよ。もうめちゃくちゃだった。

――4月14日には追加公演もやっています。

錦織　渋谷公会堂ね。それは3回公演。でも入場できない人がいっぱい出てさ。

ジャニーさんの献身

――この頃の3人には「このチームでやるぞ」みたいな結束はあったのですか？

錦織　そんなことを思う暇もないというか、本当に怒濤の日々だったから。ニューヨークに行ったのも、ジャニーさんに引っ張って連れて行かれたわけだし。

――すでにシブがき隊がデビューして、売り出し中ですよね。でも、ジャニーさんはこの時期は少年隊に付きっきりだったと。

錦織　今ほどジャニーズにグループはいなかったけど、他の人はみんな「なんでジャニーさんは少年隊のことばっかりやってんの？」と思ってただろうね。そりゃそうだよ。一緒に住んでたし、一緒に動いていたし、しばらくはマネージャーもいなくてジャニーさんとずっと一緒だったから。

――完全に一心同体ですね。

錦織　大事な時は必ずマネージャーとしてジャニーさんが付いていた。5年目ぐらいまではいたからね。

――そんなに。

錦織　途中で光GENJIで忙しくなったり、その後はSMAPが出てきたり。

――SMAPにジャニーさんが付いていたのは短い間というイメージですけど。

錦織　どうだろう？　あの子たちが出てきた時は「ザ・ベストテン」とかとっくに終わっていて、歌番組も少なかった頃でしょう。歌謡曲からJポップの狭間の時期だったから、かわいそうだったんだよ。いろいろとバラエティー番組に出ていたのも知っていたし、あの子たちが本当に花咲く時まで、相当時間がかかっている。頑張って自分たちで摑み取ったんだよね。

――錦織さんはSMAPの良き理解者だったと、中居（正広）さんも「SMAP×SMAP」（フジテレビ）で話していましたよね。

錦織　俺は好きだったよ。

――1984年は、少年隊にとっては大きな転機でしたね。いろいろなドラマに出たり、曲を歌ったり。7月14日から23日まではアメリカの「ABCモーニングショー」に出演して、ジャーメイン・ジャクソンと共演もされています。

錦織　ジャーメインもいたかな？

――ちょうどマイケル（・ジャクソン）やジャーメインを含むジャクソンズが、世界規模の「ビクトリーツアー」をやっていた頃だから。

錦織　その当時、本当に記憶がグシャグシャになっているのよ。ロサンゼルスの「マーヴ・グリフィンショー」というのがあるんだけど、それに出たりとか。香港に行けば現地のテレビに出たりとか。いつがどれだったか、俺の中でグシャグシャなんだ。

――デビュー前にもかかわらず、超多忙だったんですね。「ABCモーニングショー」では曲も披露しています。

錦織　やったかも。覚えているのは、当時アメリカに「メヌード」というアイドルグループがいたんだけど、俺たちがスタジオに現れた瞬間、ナレーションで「グッバイ・メヌード、ウェルカム・少年隊！」って。

――資料には、「1984年の9月17日から18日にかけて、カナダのモントリオールでジャニーさんとジャクソンズの『ビクトリーツアー』を鑑賞」とありますが、これ「ジャニーさんはいなかった説」もありますよね。
錦織　うん、ジャニーさんはカナダには行かなかった。確かジュリー（藤島）ちゃんと4人で行った。ジャニーさんはニューヨークに残っていたはず。
――でも、これ以降もジャニーさんとはたびたび一緒に海外に行っていますよね。
錦織　かなり行ってるよ。これはデビュー後の話なんだけど、「ザ・ベストテン」の中継をラスベガスからやったのよ。
――あの番組は、そういう中継が多かったですね。
錦織　特にジャニーさんが好きだったんだけどね。本番が終わってすぐ俺たちは「どうだった？」ってジャニーさんに訊きたいから、クルーのところに行ったけど、いない。「ジャニーさんはどこ行ったの？」っていくら訊いても、誰も知らない。そうしたらジャニーさんが、「こんなに出ちゃった」ってメダルを持って現れた（笑）。カジノで遊んでいたんだよ。
――見ていなかった（笑）
錦織　見てない。遊んでたんだから（笑）
――本番中に？
錦織　本番中に。「こんなに出ちゃって」って、相当本気だったんだろうね（笑）

——普通にラスベガスを楽しんじゃっている。

錦織　俺たちは翌日ロサンゼルスで仕事があって、すぐに飛行機で向かわなきゃいけなくてさ。なのにジャニーさんは「僕はもうちょっといるから」って（笑）

——ハマッちゃったんですね。

錦織　うん。たぶんショーも観たかったと思うんだけどね。そういう旅もちょいちょいあったよ。

——ちなみに、ジャクソンズを観た感想はどうだったんですか？

錦織　初めてだから、貴重だとは思った。マイケルがスパーンって帽子を投げるやつも、その時じゃないかな。

——前の方で観たんですか。

錦織　結構前の方で観た。もうちょっと後ろで観たかったけど。全体が見えづらいくらい前だった。何で始まったんだっけ？　『スタート・サムシング』をよくやっていたよね、ジャクソンズでね。

——錦織さんはジャクソンズ初期のギャンブル＆ハフと組んでいた時代のサウンドがお好きですもんね。しかし、こうして何度も少年隊を海外に連れて行くということは、それだけジャニーさんの海外志向が強かったということでしょうか？

錦織　強かった。実際に好きだったしね。フォーリーブスもデビュー前は、ジャズ喫茶とかそういうところで実験的なことをやっていたらしい。そこでやるショーは、やっぱり洋楽だったって。

――ああ、そうなんですね。

錦織　『ネバー・マイ・ラヴ』を歌ったアソシエイションとかが好きで。だから「俺たちもそっちの方向に持って行くのかな」っていうのはあった。

――具体的にそう感じたこともあったんですか？

錦織　例えば、ジャニーさんって普通の日本人の歌手がやっている歌謡ショーを嫌うわけ。ジャニーさんは、「アレンジぶっ壊してでもいいから洋楽に」って感じなの。俺はその影響をもろかぶりしたのね。

――なるほど。

錦織　自分たちの曲なのに、イントロが『スタート・サムシング』とか。バンドに「『What's your name?』のイントロを『ロング・トレイン・ランニン』にしてくれ」って頼んだりして。イントロを聞いても、ファンの子は何の曲かわからない。でも、俺はそれが好き。ジャニーさんもそれは好きなのよ。

――嗜好が似ていた。

錦織　「これは何の曲?」「わあ、『What's your name?』だったのか」みたいな。このあたりは俺と東山で意見が違うところなんだけど。東山はオリジナルを重視したいタイプ。「そのままやったらいいんじゃない？　ファンが待っているのはそれなんだよ」と。でも俺は「いやいや、だってそれは、みんなレコード持っているじゃん」っていう感覚。

――そこはジャニーさんと錦織さんの感覚が一致ということですね。

錦織　一致というか、ジャニーさんの影響なんだよ。俺とジャニーさんの考えは「崩せ、崩せ」だから。何だかわからなくしちゃう。それでAメロが「バーン」と行った時に、みんながびっくりするからさ。そういうのをライブでガンガンやってね。

「YOU、デビューすると大変なんだよ」

――実際のところ、ジャニーさんは「少年隊をどうしよう」とか、「どういったグループにしよう」とか構想はあったんでしょうか？

錦織　あったとは思うけど……。フォーリーブスの時もそうだったらしいんだけど、俺たちのデビューが近付くにつれて、ジャニーさんが、ちょっとずつ寂しい気持ちになっていくのがわかったのよ。

――どういうことですか？

錦織　ジャニーさんがよく言っていたのが、「YOUたちもデビューすると大変なんだよ」って。「シングルを売らなきゃいけない。レコードになったものを売らなきゃいけない。プロモーションになっちゃうから、ショーの性質がちょっと違ってきちゃう」って。

――つまり、セールスという現実が横たわってくるという。

錦織　そういうことだよね。

――「ミュージカルをやりたい」というジャニーさんの夢を具現化したのも少年隊だったと思うんです。ソロ・アーティストである田原さんや近藤さんを中心に「青山劇場でミュージカル」というのは実現性がなかったわけじゃないですか。

錦織　それは確かに。

――僕は、ジャニーさんと錦織さんというのは「ジョン・レノンとポール・マッカートニーみたいな相棒だった時期もあるんじゃないか？　少年隊以前と以後でジャニーズ事務所のエンターテインメントが革命的に変化した理由はそこにあるんじゃないか」と思っていて。「師匠と弟子」という側面もあると思うけど、「ある時期はパートナーになっていたんじゃないのか」って。「クリエイティブ・パートナー」というか。

錦織　うん。

――その理由は、少年隊以前も以後もあそこまで本格的なミュージカルをやっていたグループは、結局いないんですよ。「錦織さんとジャニーさんがぶつかり合いながらアイデアを出して創ったのが、あの『ＰＬＡＹＺＯＮＥ』というフォーマットだったんじゃないの」っていうのが僕の思いなんですが。

錦織　まあ、そうだったと思う。俺もよくジャニーさんとはぶつかったけど。『ＰＬＡＹＺＯＮＥ』のステージというのは、「デビューしているし、セールスも大事なんだけど、夏のこの時期はじっくりミュージカルをやりなさい」ってことだと思っている。俺たちはそれをやらせてもらったからいいけど、たのきんの3人は、そういったゆとりもなかったと思うから。

——それもありますよね。

錦織　毎日毎日「ラジオ番組があります」「アイドル雑誌の取材があります」「歌番組に出ます」「何本撮りかのスタジオに入らなきゃいけません」……トシちゃんなんかもそうだけど、時間的にそういう商業活動に徹しなきゃいけなかったんだよ。トシちゃんもミュージカルは行けたとは思うんだよ。でも、ゆとりの部分だよ。事務所としても単品で売って行かないといけない。トシちゃんにはその時間がなかったんだろうし。

——たのきんトリオで爆発的な人気が出た。それで資金的な余裕もできて、少年隊にお金を使えたところもあったでしょうしね。

錦織　それも大きかったと思う。その意味で「YOUたちもデビューすると大変なんだよ。シングルを売らなきゃいけない。レコードになったものを売らなきゃいけない」だからさ。重みが違うよね。

――でも、今にして思えばですけど、23年毎年ミュージカル『PLAYZONE』を続けたというのは、凄いことですよね。

錦織　とにかくジャニーさんは鬼監督だからさ。いつも死ぬほど踊らされるんだから。死ぬほど台詞も言って、歌って、踊っている。「その後に40分ぐらいショータイムをやれ」っていうのは辛かったねえ（笑）。一向に終わんないんだから。「まだ終わんねえの」って。

人を楽しませたいだけの人

――さて、記憶もおぼろげになるほど忙しかったデビュー1年前の1984年に戻りましょう。

錦織　そう言えばこの頃、ほとんど金を使わなかったなあ。全部ジャニーさんが出してくれた。食費だってそうだし。よく植草と笑って話すんだけど、ジュニアの時代はジャニーさんが泊まっているスイートルームの大きな部屋に一緒に泊まったりしていたのに、デビューしたら合宿費を取られるようになってさ（笑）。「売れない役者って三畳一間ぐらいか

ら始まって、ちょっとずつ生活が上がっていくけど、考えてみたら俺たち、ジュニアのときの方が生活がよかったな」って(笑)

――皮肉な話ですね。

錦織　本当にそう。ぺーぺーの時代の方が裕福なんだからさ。

――この時期、ジャニーさんの言っていたことで、印象に残っていることってありますか？

錦織　そうね……。俺が永ちゃんを好きなこともよく知ってた。痛いほど知ってる。実際にビデオを隠されたからね。俺がずっと見ているから。その上でジャニーさんは「彼の歌とかは、ちーっとも面白くない」って言ってた。

――へえ。

錦織　永ちゃんが『RUN&RUN』とかで、「ねえ、僕をアメリカへ連れて行って。僕はアメリカで勝負しなきゃ。日本は狭すぎてね、僕の曲はアメリカなのよ」って言うのを、ジャニーさんが「よく言うよこの人は。僕なんかとっくにアメリカで勝負しているんだ。この人は平和だね」って皮肉を込めて言っていたのを覚えてる。

――そうなんですね。

錦織　ただ、認めていないわけではない。ジャニーさんは矢沢永吉の話し方については

「カリスマ性がある」「惹きつける何かがある」ってことは認めていた。「この人が話をしたら面白い」って言ってたから。俺の中では、「矢沢永吉的」なものと「ジャニー喜多川的」なものというのは、真逆ではないんだけどね。お互い見せ方が違うだけ。お店屋さんが違うだけ、売っている商品が違うだけだと俺は思っている。共通するのは、舞台に懸けていること。永ちゃんもステージに懸けているでしょう。自分で全部演出して、曲のアレンジまでして、「これをメドレーにした方がいい」とか、そういうの全部自分でやっているじゃないですか。それをファンにも浸透させて、「ルイジアナ！」って叫ぶと、みんながタオル投げるムーブを確立したり。それも永ちゃんの演出力だし、ジャニーさんの舞台に対する想いと俺の中では一緒だと思っている。あの人たちは、そのエネルギーが凄いんだよね。

——ここまでの話を聞くと、ジャニーさんって本当にサービス精神が旺盛というか。なんでもありというか。

錦織　そう。「人を喜ばせたい」という気持ちにおいては、人後に落ちない。それにスタイルとしては、ごった盛りみたいな、いわゆるビュッフェスタイルが好きなんだね。ジャニーさんはわかっているんだよ。「お子様ランチの中で一番大事なのは旗だ」ってことが。

——料理ではなくて。

錦織　うん。爪楊枝で作った旗。あれが好き。「子供たちにはあれがないと。あれがいいんだ」っていう。その童心というか、「いつまでも旗を立てなきゃね」っていうね。

――いくらハンバーグや唐揚げを並べても、「旗がなきゃ意味がないんだ」ってことですよね。

錦織　意味がない。ジャニーさんの中では、「そういうサービスの心を忘れるな」ってことじゃないかな。「もう子供じゃねえから、こんな旗なんか要らねえんだよ、味で勝負したいんだよ」っていう態度こそ思い上がりなんだよね。味もよくていいじゃない。一生懸命作ればいいじゃない。「でも、ちゃんと旗を立ててあげよう」って。そういうこだわりがある人なんだよ。

――素晴らしい表現です！

錦織　常に「絶対にお客さんより先に行こう」と思っていた人だからね。「流行は僕たちが作るものなんだよ」って。「流行を追いかけない。だって僕たちが流行だから」という。でもお客さんより先に行くんだけど、それでいてジャニーさんはお客さんを決して置いてきぼりにはしないの。

――お子様ランチのたとえが出ましたけど、デコレーションケーキの上にある砂糖菓子とかメッセージや名前が書かれた板チョコとか、年齢の数のロウソクとか、それをいつまでも大事にしようということですよね。

錦織　それが楽しいんでしょう。もっと突き詰めると「ショーを創りたい」とかそんな大仰なことも思ってなくて。ちょっとしたテーブルマジックも好きで、合宿所にいる時も「ちょっと貸して」って、紙をつかんで、ヒュッて披露していた。俺たちが考えているよりも、もっとシンプルな人。人を楽しませたり、驚かせたりしたいだけの人なの。来た人を絶対に楽しませる。

――規模の問題じゃないということですね。

錦織　規模じゃない。例えば、取材で雑誌社の人が事務所とかに来るじゃない？　ジャニーさんは取材には顔を出さないで、キッチンで一生懸命何か作っているんだから。終わると、「これ、食べて食べて」って。ジャニーさんが紅茶入れたりとか。またある時は「YOU、僕が合図したらこれ持っておいで」って。というのは、テレビのプロデューサーとか来ている時にジャニーさんが「持って来て」と呼ぶじゃない。それで言われた通りに俺が持っていくわけ。面通しだよね。俺が引っ込むと「ジャニーさん、今の子は誰？」って話になるでしょ。そうしたら「あれは錦織といって、こういう子なんだけど……」と売り込む。普通に顔を出してもつまんないじゃない。俺の顔を売るために「僕が呼ぶから、その時に持ってきな」って。それも一種のエンターテインメントだよね。「今の子は誰？

また新しい子？」「そうだよ。今こうこうで。一回見てやって、あの子の踊りさあ……」なんて言っているはずなんだよ。

メリーさんにデビューを直訴

――なかなかデビューできない焦りみたいなのはなかったんですか？

錦織　俺はタレントになるとはまだ思ってなかったの。バックダンサーで近藤真彦の後ろで踊っていたわけじゃん。「たぶんバックダンサーで俺は終わる」と思っていたから。「別にそれもいいいな」って。

――デビュー1年前の1984年でもそうですか？

錦織　うん。「それで食っていけるんなら、別にいいかな」って。「振付師もいいな……」なんて。

――では、いつ「デビューするからな」と言われたんですか？

錦織　1984年の大晦日に、事務所で忘年会があった。その時にメリーさんに言いに行ったの。「メリーさん、ちょっといい？　そろそろさあ、ソノシートでもいいから、俺たちの曲を出してくれよ」って言ったんだよ。

――知らなかった！　それは一人で言いに行ったんですか？　それとも3人で？

錦織　一人で。メリーさんの部屋のドアが少し開いていたから、ちょっと入って行って。
――メリーさんはどんな顔をされていたんですか？
錦織　笑ってた。そうしたら叶えてくれたんだよ。年が明けて半年ぐらいだから1985年の6月ぐらいかな。雑誌の取材かなんかで、修善寺にある旅館の「あさば」にメリーさんと俺たち3人で行ったんだけど、そこでメリーさんが「あんたたち、デビューするわよ」「えっ?」って。
――能舞台があることで有名な老舗旅館ですよね。
錦織　そうそう。その日のことは植草がよく憶えているんだけど、取材と撮影があったはずなんだよね。俺が記憶しているのは、夕食の時に発表があったこと。
――「デビューするわよ」という正式発表ですか？
錦織　そう。メリーさんから。
――なぜ「あさば」だったんでしょう？　半分仕事で、半分御褒美だったんですかね。
錦織　かもしれない。ロケーション的によかったんだろうね、「あさば」は本当に絵になるから。
――どの雑誌の取材だったんですか？
錦織　うーん、それが覚えていないんだよね。カメラマンもいたような……。記憶はぼんやりしている。夕食に特産の大きな椎茸が出て来たんだけど、植草は苦手で食べられなかった。それだけははっきりと覚えている。あいつは松茸は好きなのに、椎茸が食べられないんだよな（笑）

――メリーさんからすれば取材はおまけみたいなもので、「思い出として残るような場所でデビューを告げてあげよう」と考えたのかもしれませんね。その時にジャニーさんはいなかったんですか？

錦織　いなかった。ジャニーさんは、そういうところがあまり好きじゃない（笑）。メリーさんは「あさば」とか、箱根ならば「強羅花壇」のような高級旅館が好きだから。そこでデビューに関すること、契約に関することとか、いろいろ話してさ。それでデビュー決定よ。

――あえて格式の高い場所で大事な話をするというのが、事務所の慣習だったんでしょうか？

錦織　わからない。そう言えば修善寺まで、行きはメリーさんが運転したんだけど、帰りは「運転代わって」と言うから俺が運転したんだ。そうしたらいちいちうるさいの。車線を変えるたびに「あんた、ウインカーが遅い！」とかさ（笑）

――せっかちなんですね（笑）

錦織　そうそう。

WEAと契約

——少年隊の正式なデビューの契約は、1985年7月10日ですよね。その日にWEAと契約しています。

錦織　WEAの役員が日本に来ていてさ。それで一緒にニューヨークに行って、そこで調印したのかな。

——WEAと契約したということは、全世界にレコードを販売するという意図があったわけですよね。

錦織　そうだと思うよ。なんたってデビューの時のキャッチフレーズが「日本発、世界行」だから。

——そして契約の3日後。7月13日にはフィラデルフィアでライヴエイドを観ているんですね。これは凄い！　この日のライヴエイドは、ビーチ・ボーイズやローリング・ストーンズ、ティナ・ターナー、クインシー・ジョーンズ、マドンナと超豪華出演陣で、歴史的なイベントです。

錦織　そうだったかも。

——現地で観ているなんて凄いことですよ。

錦織　そのあたりの記憶がとにかくあやふやなんだよね。ＷＥＡのお偉いさんが日本に来て、一緒に行ったことは覚えているんだけど。その流れでライヴエイドにも連れて行ってもらったんだと思う。その時だったか忘れたけど、ロッド・スチュワートが『おまえにヒート・アップ』を歌っているのを生で観たこともあるよ。あれは一体何のライブだったんだろう……。

——フィラデルフィアのＪＦＫスタジアムでライヴエイドを観た日本人なんて、そんなにいないと思いますよ。

錦織　そうなんだ。

——交通事故で下半身不随になったテディ・ペンダーグラスが車椅子で出てきたり、マドンナがちょうど有名になった頃で、おっぱい出している写真が直前の「プレイボーイ」なんかに載って、みんなに「脱げ脱げ」って言われたりとか。

錦織　ああ、そう。

——このフィラデルフィアのライヴエイドは伝説的で、「レッド・ツェッペリン再結成」がひとつの目玉だったんですよね。亡くなったドラムのジョン・ボーナムの代わりにフィル・コリンズが叩いていて。あまり評判はよくなかったんですけど。それこそボブ・ディランも出てきて、最後に変な『ウィ・アー・ザ・ワールド』で終わるという。

錦織　変な『ウィ・アー・ザ・ワールド』って(笑)

――全盛期のデュラン・デュランも出て、一番盛り上がっていたんじゃないかな。

錦織　あー、デュラン・デュランいた。

――思い出しました？

錦織　うーん……。

――錦織さんは記憶力が抜群なのに、この頃のことは抜けていることが多いですね。それだけ忙しかったという証拠なんでしょうけど。

錦織　もうこの頃は本当に記憶がグッチャグチャなんだよね。会場が凄いゴッタ返していたのは覚えているし、「トイレまでめちゃくちゃ遠かった」とか「駐車場が広くて、とにかく歩いた」とか、そんなことしか覚えていないのよ。

――断片的なんですね。

錦織　はっきり憶えているのは、「週刊女性」だったか「女性自身」だったか、とにかく雑誌の編集者の人がコーディネイトしてくれたんだよね。その人の息子がアメリカにいたので。

――この時はジャニーさんもいたんですか？

錦織　いたと思うよ。ライヴエイドはいた。

――アメリカのライヴエイドを現地で観ているなんて、僕にとっては個人的大スクープなんで。

錦織　そうなんだ。いつだったかグラミー賞も観に行ったことがあるよ。

――でも、錦織さんが感情を込めて「この頃はグッチャグチャだった」というのが印象的ですね。毎日毎日あらゆる仕事をしていて、明日はどこに行って何をやるか全くわからない日が続くという。

錦織　そうそう。そんな感じ。あの時代は、まだ合宿所にトシちゃんもマッチも一緒に暮らしていたからね。ふたりを間近で見ているから、そういった「グッチャグチャになっている方がいい」というか、「売れるというのはこういうことだ。そうじゃないと恥ずかしい」なんて気がしていたからね。

――メチャクチャ忙しい日々が続いて、海外もあちこちに行って。

錦織　ちょうどこの頃にコンサートで愛媛の松山にも行ってるんだけど、全然覚えていないの。50歳を過ぎてから松山市近郊の坊っちゃん劇場で演出をやるようになって、そこで出会った人に「錦織さん、僕も松山市民会館に行ったんです」なんて言われるんだけど、正直ピンと来ないわけ。当時は空港に着いて車に乗ると、いろいろなポスターや新聞紙で外から見えないようにして。まるで護送車みたいだよね。それで楽屋まで運ばれて、コンサートをしてあとはホテルに移動するだけだから。

――ビートルズみたい（笑）

錦織　だから松山がどういうところかなんて全然わからない。もちろん観光なんかしてないし。だから「あのとき市民会館でやりましたよね」って言われても「ああ、あのときね」なんていちおう話を合わせるけど、ディテールについては記憶に残っていないのよ。それは松山だけじゃなくて、全国でそうなんだから。

永ちゃんとは会いたくない

――話は少し脱線しますが、錦織さんが車の免許を取ったのはいつですか？

錦織　1984年かな。まさにデビューの前の年。取得してすぐにロスで運転していたからね。自家用車を持つ前は、合宿所にジャニーさんとメリーさんの車があった。「自分たちで乗りなさい」ということだったんじゃないかな。メリーさんの車は、大きなフォードのサンダーバードで。

――それは目立ったでしょう。

錦織　うん。目立ったね。パワステが軽くて、ハンドルを少し切っただけで、グーッと曲がっちゃうぐらいだから。

——何色だったか覚えてますか？

錦織　えーと……グレーみたいな色なんだよな。グレーとブラウンが混ざったような微妙な色（笑）

——その車を錦織さんが運転して街を走っていたら、めっちゃ目立ちますよね。

錦織　東山と植草を乗っけて走ったりとかさ。そのとき免許を持っているのは俺だけだったし。それで3人で移動していたり。文化放送とかラジオ局へは、その車でしょっちゅう行ってたから。

——ジョン・レノンがビートルズのメンバーを乗せて運転しているようなものですよ（笑）。ちなみに、ジャニーさんの車は何だったんですか？

錦織　ベンツ。最初は違ったけどね。

——それは当時の原宿の合宿所に置いてあったんですか？

錦織　そう。原宿のマンションね。

——そこで錦織さんは憧れの矢沢永吉さんと会ってるんですよね。

錦織　「会った」というわけではなくて、正確には「見かけた」かな。当時の合宿所と永ちゃんの事務所が同じマンションだったから、それでよく見かけたというだけで。裏口を永ちゃんのために開けたこともあるよ。普段はリーゼントではなくて、伊達眼鏡をかけてね。ざっかけない恰好なんだけど、それでも背が高くて目立つし、近くのスーパーの紙袋を持って歩いているのが、逆にカッコいいの。その人が、ステージでは「矢沢永吉」になるというのも、またよくてさ。

――『成りあがり』に影響を受けて、この世界でがんばろうと誓った錦織さんが、合宿所の建物で矢沢さんと会うというのも凄い……。

錦織　最初はビックリしちゃったよ。「なんでここにいるんだろう？」って。

――しかも、真逆の世界だと思っていたジャニーズにいながらにして会えたという。

錦織　そうそう。

――話したことはありますか？

錦織　一度もない。

――デビューした後に音楽番組とかでも一緒にならなかったんですか？

錦織　ない。ラジオ番組に一度だけ出てくれたことはあったんだけど、インタビューだったから直接話をしたわけではなくて。今の事務所の人は知り合いだけど、本人とは一度もない。

――そうなんですか。

錦織　でも、俺は会わないと決めたというか……。本当は会って話をしたいよ。でも、俺はちゃんとした矢沢のファンなんで、会いたいんだけど、「ジャニーズ事務所のタレントが矢沢永吉と知り合いである」ということが、矢沢ファンの錦織は許さないわけよ。

――では、ジャニーズを退所した今はどうなんですか？

錦織　いや、ダメ。俺みたいな人間と会っちゃダメよ。事務所の人も「錦織さん、会うチャンスを作りますよ」と言ってくれるんだけど、「いや、会わない。俺みたいな人間と会わない方がいい。イメージダウンになるよ、永ちゃんの」って。

――そんなことないと思いますけど。

錦織　いやいや。そこは守んなきゃいけないから。俺はファンなんでね。会いたいのは会いたいんだけど。でも、会わない。

――僕は、ずっと錦織さんの大ファンでしたけど、最初に偶然ラジオ番組を収録していたスタジオでお会いした時に躊躇なく声掛けましたけどね（笑）。「錦織さんが小学生の時に習字コンクールで『貯金』と書いて入賞したことも知っています」って、あの話に繋がるんですけど……（笑）

錦織　郷太はそれでいいのよ（笑）

錦織一清の意外な〝性格〟

——矢沢さんに対するそうした態度も、錦織さんの性格がよく表れていますよね。ラジオの番組で錦織さんのことを聞かれて、「あの人、めちゃくちゃきれい好きなんです。ご自宅にはゴミ一つ落ちていないし、調理器具も一直線に並んでいる。ホテルみたいな家に住んでいるんですよ」と言ったら、パーソナリティの博多大吉さんがびっくりしていて。

錦織　高校の同級生にパパイヤ鈴木がいるんだけど、昔からの友達だから俺の性格もよく知っていて、馴染みの店で飲んでいると、「お前、病気っぽいよ」って言われるの。グラスをコースターの上に置くじゃない？　その時にグラスがきちんと中心に位置しないと俺が気に入らないから、それを見て。

——たしかに。必ずど真ん中に置き直しますよね（笑）

錦織　中心になきゃ嫌なんだよね。鈴木は一緒に飲んでいると、わざと端の方に置く。それで俺の顔を見て、「気持ち悪いだろう」って（笑）。それに近いんだけど、他人の靴下がずり落ちているのも気になるの。後ろから靴下を引っ張り上げたくなるし、靴のいわゆるベロの部分が中に入っているのも気になっちゃう。

——やっぱり細かい（笑）

錦織　ミュージカルを観に行っても、出演者のスーツのポケットにある蓋というのかな、フラップが中に入りかけているのを見ると「早く気づいて何とかしてくれないかな」って、そればっかり気になっちゃうし。

――もともとそういう性格なんですか？　それともジャニーズに入ってダンスをやるようになってから、立ち位置とか細かい部分が気になるようになったんですか？

錦織　昔からだと思うよ。家族で鍋を食べている時も、いわゆる直箸が苦手で、いつも「たとえ家族でも取り箸があった方がいいよ」なんて言って、「だったらもう食うんじゃねえ」って怒られていたから。

――小さい頃からなんですね。

錦織　でも今は平気だよ。回し飲みは今も嫌いだけど。だからコロナ禍における「ソーシャルディスタンス」も、俺からすると当然という感じがする。

――「元祖ソーシャルディスタンス」（笑）

錦織　店員さんでも、手を洗ったかどうかについてもうるさいから。

――僕も錦織さんのそういう性格に気づいたのは、実はだいぶ後のことで。あれ？　って。

錦織　きれい好きかどうか自分ではわからないけど、どこかおかしいんだろうね。例えばテーブルクロスが幾何学模様だとするじゃない？　そうしたらコップは必ずその模様とスクウェアになるように置かないと気が済まない（笑）。それは癖みたいなもんで。

——そんな潔癖な錦織さんの家で、この前僕はカラムーチョを思いっきりソファに落としてしまいました（笑）

錦織　あれは郷太がわざとやったと俺は思っている（笑）

——その割にはカラムーチョも買い足してくれましたよね（笑）。そういう性格は、芸能活動に活きたりはしないんですか？　例えばダンスをする時の立ち位置に細かいとか。

錦織　それは俺の性格は関係なく、ジャニーさんがうるさかったから。

——なるほど。

錦織　それだけ厳しかったからね。それに昔のジャニーさんは、レッスン中も本番中も決して座らない。ショーをやっていると、座席の一番後ろのドアのところで立って見ている。お客さんには申し訳ないけど、俺たちが踊っている時って、ジャニーさんを見ながら踊っていたからね。

——ジャニーさんから細かい指示もあるんですか？

錦織　もちろん。凄く細かい。ダンスでも寸分違わず合っていないと、「位置が取れていない」とよく怒られたから。とにかく厳しかったよ。

第5章　1985年12月12日

ワーナー・パイオニアと契約

――ふたたび時計の針を1985年に戻しましょう。この年の12月12日、ついに『仮面舞踏会』でデビューするわけですが、その契約を夏に行なっています。1985年の夏と言えば、どうしても8月12日に起きた日航機墜落事故を忘れることができません。以前ちらっとうかがったのですが、錦織さんは事故が起きた日本航空123便に乗る予定があったとか。

錦織　実はそうなんだよ。マッチが大阪で舞台『森の石松』に主演していて、その初日が事故の前日だった。ジャニーさんから「応援に行こうよ」と誘われて、最初は事故の日の同じ便に乗る予定だったの。それが急遽ジャニーさんは前日に大阪入りすることになって、俺たちは東京に残った。後から事故を知って……。ジャニーさんに「俺たちが乗るはずの便って、あの時間だったの？」と聞いたら、「そうだよ、夕方だよ。ＹＯＵ、あれだよ」って。「ああ……」って。

——同じ便は、明石家さんまさんもよく利用していたんですよね。

錦織　そうなんだ……。それまで大阪に行く時はいつも飛行機だったけど、あの事故以降は新幹線になった。１９８５年の夏と聞くと、どうしても思い出してしまう事故だよね。

——その翌月、９月25日に少年隊はワーナー・パイオニアと契約します。これは世界展開をにらんだ7月のＷＥＡとの契約と違って、日本での活動についての契約ですよね。

錦織　そうそう。あくまでも日本での活動のためのもので、俺たちは会場となったホテルニューオータニにも行かなかったと思う。

——先にＷＥＡと契約しているわけだから、当然日本でもワーナーと契約ということになりますよね。

錦織　そうなんだけど、個人的にはワーナーとは不思議な縁があって。ものまね四天王の栗田貫一さんっているじゃない？　栗ちゃんがショーパブの店長をやっていた時代があるのよ。仲良しだったから、渋谷にあったそのお店によく遊びに行っていたの。ショーパブというか、昔のカラオケバー。「俺たちの朝」という名前の店で「俺朝」って略してた。そこに、ワーナーの上層部の人やスタッフがよく顔を見せてたのよ。そんな縁もあって。一度びっくりしたのは、地下の店だったんだけど、階段を降りて行くと、下から『ふたりの愛ランド』を歌っている声が聞こえてきて。女性は普通だったけど、男の方がめちゃくちゃ上手。「こいつハモっちゃって、チャゲさんの真似しているな」と思いながら、ガチャっとドアを開けたら、チャゲさん本人だった(笑)

——そうか。チャゲ&飛鳥もワーナー・パイオニアでしたもんね。

錦織　そう。でも、俺はワーナーの人がそんなに来ているとは知らなくて。とにかく俺はそこで矢沢ばかりをリクエストして、「矢沢やります」と。

——それをワーナーの人は聞いていたわけですね。

錦織　だから事務所で会った時は恥ずかしかったもん。お偉いさんの一人が、「この3人の中で、矢沢マニアって誰?」と聞くから、しょうがなく「すみません、僕です」って(笑)。当時は永ちゃんもワーナーで、一緒に仕事をしていた人たちだったから、恥ずかしくて、恥ずかしくて。笑っちゃったけど。でも、郷太がノーナ・リーヴスでメジャーデビューした時は、もう「ワーナー・パイオニア」じゃなかったでしょう。

——はい。「ワーナー・パイオニア」が「ワーナーミュージック・ジャパン」になったのが1991年で、ノーナがメジャーデビューしたのは1997年ですから。

錦織　その頃のワーナー・パイオニアの社長は山本徳源さんという人なんだけど、英語はネイティブはだしで、親会社筋から出向してきたの。なぜワーナーだったかというと、前にも話したけど俺らは世界デビューする予定だったから。

——ということは、ワーナーと契約したのは錦織さんとしても願ったり叶ったりだったんですか？

錦織　全然そう思ってない。

——えっ、そうなんですか!?「どこのレコード会社がいいな」とか希望はあったんですか。

錦織　本当はエピック・ソニーが好きだった。いいミュージシャンをいっぱい抱えているアーティスティックな会社というイメージがあったから。

——たしかにあの頃は多士済々でしたね。

錦織　シャネルズもそうだし、佐野元春さん、大江千里さん……。

——少し後ですが、岡村靖幸さんとかもいて。

錦織　音楽の匂いがプンプンして、「CBS・ソニーよりエピックはこだわってるな」なんて思ってたわけ。当時、業界では、「どうやら少年隊はエピックに行くらしい」と噂されていたの。マイケル・ジャクソンもいたし、その路線かなと。

――ワム！もシンディ・ローパーも当時はエピックでしたね。

錦織　そうそう。

――当時トシちゃんやマッチ、シブがき隊はどこのレコード会社でしたっけ？

錦織　トシちゃんはキャニオンで、マッチはRVC、シブがき隊はCBS・ソニーかな。

――同じ事務所だからといって、同じレコード会社にはならないんですよね。

錦織　ジャニーズには、ジャニーズ出版があるからね。どの楽曲も出版権は全部ジャニーズで押さえている。ジャニーズ事務所の全ての楽曲の権利は、ジャニーズ出版にあるわけ。だからレコード会社というのはあくまで販売元。競馬でも、複数の競走馬を抱える馬主は厩舎を選ぶでしょう。「栗東の××さんのところに預けよう」「美浦の○○さんにも預ける」とか。それと同じだよね。

――なるほど。わかりやすい。

錦織　むしろ、レコード会社の所属アーティストがひとつの事務所に偏ってしまうと、いっぱいいっぱいになって大変なのよ。そこのお抱えになっちゃうし、いろいろ問題がある。だから分散させた方がいいんだよね。

——これは僕の推測ですけど、少年隊の場合は、レコード会社も引く手あまたで、選り取り見取りだったと思うんです。「ジャニーズのスーパーチームがいよいよデビューする」と、みんなわかっているわけだから。その中でワーナーに決めたのは、本当に海外で売るためだったと思うし、どこかのタイミングまではジャニーさんも本気でそう思っていたのかと。

錦織　それはあったと思うよ。永ちゃんがCBS・ソニーからワーナーに移籍したのも、世界デビューを狙っていたからだしね。ワーナーという会社は、そうやって「世界デビュー」というニンジンをぶら下げてくるのよ。少年隊の時もそうだったと思う。

汗と涙の『仮面舞踏会』

——さて、いよいよ重要な局面に差し掛かってきました。1985年の12月12日、少年隊がついにデビューをします。ここからは、デビューシングル『仮面舞踏会』発売に至るまでのプロセスを詳細に追っていきたいと思います。1985年7月にはWEAと9月にはワーナー・パイオニアと契約してデビューの布石を整え、デビュー曲『仮面舞踏会』の制作に入り、曲を少しずつブラッシュアップしていった、その時期ですよね。

錦織　そうなるね。

――デビューを修善寺の旅館「あさば」でメリーさんから聞いた時には、すでに『仮面舞踏会』という曲の構想はあったのですか？

錦織　いや、メリーさんからは曲のことは聞いてない。曲を作るのはジャニーさんだから。

――錦織さんが「ちあき哲也さんに詞を書いてほしい」と言ったんですか？

錦織　そう。それをジャニーさんかメリーさんのどちらに頼んだかは覚えていないんだけど……。なぜちあきさんにお願いしたかったかというと、俺が永ちゃんのファンだから。ちあきさんは『ＹＥＳ ＭＹ ＬＯＶＥ』とか『止まらないＨａ～Ｈａ』とか、永ちゃんの曲の作詞を多く手掛けていて、永ちゃんもその時はワーナーの所属だったので、ならば脈もあるのかなって。言ってみるもんだったね（笑）

――しかも作曲は筒美京平さん。最初に『仮面舞踏会』を聴いた時のことは、覚えていますか？

錦織　うーん、いつだったかなあ？　デモテープが上がった直後だったと思うけど。ファースト・アルバムの制作も同時進行だったし、前にも言ったけど、この時期は本当にグシャグシャの日々でね。そこにデビューに向けての準備が重なったから、１９８５年の後半は本当に大変だったという記憶しかない。

――レコーディングは、他の仕事の合間を縫って行っていたんですか？

錦織　昼間にいろいろな仕事をして、夜中はずっとレコーディングスタジオにいたイメージだね。

——半年ぐらいずっとそんな感じですか？

錦織　うん。ずっと閉じこもっていた。麻布のサウンド・シティや日テレのサウンドイン、六本木のＷＡＶＥの上にあったセディックとか、都内のいろいろなレコーディングスタジオを転々としてたね。原宿のスタジオにも行ったなあ。

——キデイランドのビルですか？

錦織　そのもう少し青山通り寄りのところ。近くにオリエンタルバザーがあって。

——ああ、僕も昔そこでレコーディングしたことがあります。今はもうないけど。かなりバブリーな雰囲気のところでしたね。

錦織　時代はバブルに向かうところだったからね。とにかく、レコーディングにはたんまり時間を掛けていたから。

——スタジオでの時間の掛け方が、今と昔で全然違いますよね。予算の問題も大きいけど、今は機材が進化しているから、家である程度制作することもできる。昔に比べれば、掛けられる予算は10分の１ぐらいじゃないですか。

錦織　昔はスタジオに行かないとできないことばかりだったからね。『仮面舞踏会』もどれだけバージョンを作ったかわからないよ。何度も何度も録り直しをして、その都度歌詞も変えなきゃいけない。ジャニーさんが「これじゃダメ」「まだダメ」「ダメ」ってしつこいから。ちあきさんも内心うんざりしていたと思うよ。何十回も歌詞を書き直してもらった。12パターン以上はあったんじゃないかな。

——歌詞だけでそれだけパターンがあったんですか。

錦織　うん。もちろんそれに加えて、曲のアレンジも何十パターンとあったから。

——うわー凄いな。掛け算すると100をゆうに超えますね。

錦織　ジャニーさんが「ダメ!」となったら潔く差し替えていたからね。

——今は到底そんなことはできません。当時の少年隊だからやれたんでしょうね。それだけジャニーさんにパワーがあったし、「絶対デビュー曲を100万枚売る」という野望もあった。予算も潤沢。だから何回もやり直せた。

錦織　本当にそうだよね。

——編曲を担当した船山基紀さんがおっしゃっていたのですが、船山さんも「この頃は1日に4曲ぐらいアレンジをしていた」と。そのぐらいのスピード感で曲を作っていた時代ですよ。それなのに少年隊はデビュー曲の1曲を完成させるのに、半年近くの時間を掛けた。『仮面舞踏会』を作り上げる半年間というのは、少年隊だからこそであって。

錦織　今思うと本当にありがたいことなんだけど、当時はなかなか完成しなくて大変だったんだよ（笑）。ドラムパターンなんかも頻繁に差し替えたし。

――それを3人は何百回も歌ったわけですね。いろいろなバージョンとアレンジで。

錦織　歌ったよ。デモができるたびに合宿所に持って行って、ジャニーさんに「はい、今日の分」ってカセットを聞かせるの。それでカチャッと再生して、しばらく黙って聞いているんだけど反応がないから、「今、寝てたでしょ？」「寝てない。聞いてたよ」「どう？」「寝ちゃうぐらいつまらなかった」とか言うんだよ。

――わあ……。

錦織　またか、となるよね。「これでもダメ？」「ダメ。もうちょっと」。

――それは『仮面舞踏会』だけではなくて、それ以外の曲もそうやって聞かせていたんですか？

錦織　その都度やってた。一発でOKなんか、ジャニーさんは絶対くれない。

――ジャニーさんがそこまで厳しくチェックをしていたのは、少年隊のシングルだと、どの曲ぐらいまでですか？

錦織　どのくらいまでだったかなあ。

――1989年の『まいったネ 今夜』ぐらいですか、それとも1987年の『君だけに』ぐらいまでですか？

錦織　その頃までは余裕でやってたよね。

止まって歌いたかった

――『仮面舞踏会』１曲を作るのに大変だったという話ですが、その創作に錦織さんは歌い手として参加しただけではなくて、クリエイティブ面にも深くコミットして、たくさん意見を出したことが重要だったと思っていて。

錦織　いろいろと勉強させてもらいながら、いろいろ意見はしたよね。今思うと生意気なんだけど。当時、松林天平さんっていうディレクターがワーナーにいたのよ。クイーンなんかも担当していて。その松林さんに「こういう音でやりたい。出だしは『♪Tonight ya ya ya』みたいに持っていきたい」って言ったら、「いいね。じゃあ最後のフレーズはどうする？」「涙は英語で何と言うんでしたっけ？」「tear だね」「じゃあ tear で行きましょ」みたいな。

――それであの「Tonight ya ya ya... tear」になったんですね。

錦織　後半の「BABY COME ON, DON'T STOP THE MUSIC」とシャウトするところも、うまくハマったよね。松林さんは英語が堪能だったから、その都度意見を訊きながらね。松林さんは、永ちゃんの『LOVE THAT WAS LOST』の日本語タイトル「抱かれたい、もう一度」をつけた人なのよ。

――「BABY COME ON, DON'T STOP THE MUSIC」の部分も「tear」の部分も、もともとメロディーはあったんですよね。

錦織　あった。

――でも先ほどの話では、最終的にはジャニーさんのＯＫが出ないと完成しないということじゃないですか。ということは、こうした錦織さんのアイデアが採用されなかった可能性も大いにあったということですか？

錦織　それはもちろん。

――ということは、錦織さんのアイデアをジャニーさんも「面白い」と思ったということですよね。

錦織　そうなんだけど、大体ジャニーさんは俺のアイデアを面白がって採用してくれたけどね。

――東山さんと植草さんが同様にアイデアを出すこともあったんですか。

錦織　プロデューサーの鎌ちゃん（鎌田俊哉）に訊いたらわかるけど、レコーディングが終わると、「はい、終わった。じゃあ錦織だけ残って」と俺だけ残される。それから「どうしよう？」と延々議論する。

――スタッフと一緒にレコーディングした曲を聴きながら。

錦織　それで「錦織、ちょっとブースに入って歌ってみて」みたいな。

――でも、錦織さんはそうした作業が好きだったんでしょう？

錦織　そうだね。「物事を作っていく」という作業そのものが楽しかった。最初の「Tonight ya ya ya... tear」は、三声みたいにハモっているんだけど、最初の段階では俺がハモっている。それから下はヒガシにやらせて、真ん中は植草にやらせて。三声で俺が先にやる。

――ハイボーカルも錦織さんが歌われていたんですね。

錦織　最初のマスターのボーカルは、全部俺だったはず。それから植草が真ん中。主メロは歌えるから3人で歌って、俺が上、主メロ、下を行っているんだよね。三声やっているの。それに重ねているんだよね。

――以前『ＡＢＣ』（１９８７年）のリミックスというか、マスターを聞かせてもらったことがあって。「ツーミックス」といって、ボーカルが一緒になっている音源。それを聞いてびっくりしたのは、『ＡＢＣ』のＡメロとＢメロって、ほとんど錦織さんと東山さんだけしか歌ってない。植草さんのボーカルが凄く小さいんですよ。

錦織　そうだったね。

——サビの「♪Love ABC ABC」あたりからようやく3人揃うんです。もしかしたらそれは植草さんの声がキラキラしているから、サビでより威力を増すためだったかもしれないけど、「へー」と驚くぐらい不自然なバランスで、錦織さん、東山さんだけが鳴っていて、小さく植草さんがいて……。

錦織　そうそう。

——Aメロの「♪恋は最初……」は、錦織さんと東山さんしかほとんど鳴ってなかった。「そういうこともあるんだな、面白いな」と思いました。

錦織　そういうのは多々あったよ。ただね、「Tonight ya ya ya... tear」というのを俺が考えたのは、「一丁やらかしてやる」ということでもあって。むしろ「一丁やらかそう」と思って、そうしたの。というのはね、ジャニーさんは、とにかくイントロと間奏とコーダ（楽曲の終結部）が好きなんだよ。

——へー。

錦織　『仮面舞踏会』ってイントロから歌っちゃってるじゃん。イントロを歌ってるし、間奏も歌ってるし、後奏も歌ってる。なぜかわかる？

——なんでだろう？

錦織　そうすれば踊らなきゃいけない箇所が少なくなるから（笑）

――なるほど（笑）

錦織　それをジャニーさんに「よし、これでいいね」とOKをもらって。それで俺は、「ずーっと歌ってるから、そんなに踊らなくていいだろう。それだとあまり疲れないかも」なんて思ってたわけよ。

――ダンスよりボーカルを重視したかったんですね。

錦織　そうそう。「ボーカルを押していけるな」と思ってさ。それをやらかすためにも、イントロと間奏とコーダを歌にしちゃったわけ。そのための「Tonight ya ya ya... tear」でもあるわけだ（笑）

――踊るパートを減らす目的もあったんですね。

錦織　それで「よし！」と思っていたんだけど、ジャニーさんの方が一枚上手だった。「テレビ用だから」と間奏を伸ばしやがったの（笑）。わざわざ踊る部分を付け足したんだよ。だから元の曲とテレビ用は違うという。

――確かに！　テレビではサビ終わりでめっちゃ踊りますもんね。

錦織　「敵もさるものだな」と思った。アレンジ変えやがって（笑）

――「お前の魂胆なんてとっくにお見通しだよ、ニシキ」と。

錦織　そうそう（笑）。とっくにお見通し。俺は「歌手」になりたかったからさ。『仮面舞踏会』は、パーセンテージとして6対4で踊りみたいなナンバーなんだけどね。でも、俺の夢は「止まって歌うこと」だから。

——それは以前からおっしゃっていましたね。

錦織　ファースト・コンサートで最初に歌ったソロの曲が、矢沢永吉の『天使たちの場所』。めちゃくちゃバラードだから。「♪背中に細い〜」みたいな曲で。「止まって歌いたい」「歌だよ、やっぱり」って思ってたからさ。

——以前ノーナ・リーヴスのライブに来ていただいた時も、僕が立って歌ってるのを見て、「いいなあ。水も飲めるじゃん」と言っていたのはそういうことだったんですね（笑）

錦織　そうそう。舞台にペットボトルが置いてあるのは、俺としてはあり得ない（笑）

——ハハハ！

錦織　それにもうひとつ付け加えると、俺はスタンドマイクが好きでさ。ジャニーさんはあんまり好きじゃなかったんだけど。『仮面舞踏会』でも使っているけど、ツーコーラス目で蹴飛ばしちゃうじゃない。本当はもっとスタンドマイクを使いたかったの。何で好きかと言うと、その方が立ち位置が綺麗に決まるのよ。スタンドマイクが目印になれば便利でもあるし、歌いながら両手も使えるし、それこそ姿勢もよくなるし。

——それだけが理由ではないんじゃないですか？（笑）

錦織　あとは、永ちゃんね（笑）。その影響は認める。白いテープが巻いてある、あのマイクスタンドが大好き。

――大好きって（笑）

錦織　あと、フレディ・マーキュリーのマイク。マイクから棒が少し伸びているやつ。あれもバランスがよくてカッコつくんだよ。だから、スタンドマイクでパフォーマンスする曲はもっとやりたかった。でも、なかなか実現しなくて。

――スタンドマイクの件でもわかるのですが、ジャニーさんと錦織さんはクリエイティブの面で、意見がバッチリ合うこともあるし、対立的になることもあるということですよね。どちらかに偏っているわけではなくて、賛成と反対が両立しているところが面白いというか。

錦織　そこはジャニーさんと駆け引きしたところだよね。「こう言ったらジャニーさんはどう思うか」とか、その駆け引きも面白いんだけど。

――僕が一緒にお仕事させてもらったジャニーズの錦織さんの後輩たちは、「ジャニーさんは、二言目には『ニシキだったら、こう言ってくる』って言うんですよ」と少し誇らしそうにボヤいてました。「ニシキはすぐにアイデアを出してきたよ」とかって。

錦織　まあ、それだけ俺が生意気だったということもあるんだろうね。

振付は振付でしかない

——振付や衣裳というのは、曲が完パケになる前から動き出すんですか。

錦織　大体同時進行だね。衣裳について動くのは、メリーさんのチーム。「これを着させたい」みたいなのがあって、曲と同時に動いていた。

——当たり前ですけど、振付は曲が固まらないと動けないですよね？

錦織　そうだね。ただ、振付は分けて作ったりするから。とりあえずメロディー部分だけ先にやっちゃったりもしていたんだよ。『ONE STEP BEYOND』というB面の曲は、『仮面舞踏会』よりも先に振付があったから。だってジャニーさんは「マイケル・ピータースの振付がほしい」と言って、デモテープを持って会いに行ったんだもの。だから『ONE STEP BEYOND』は「マイケル・ピータースがアレンジした」と言っても過言じゃない。彼はピアノを弾きながら振付するから。

——ピータース自身が弾くんですか。

錦織　本人は弾かない。弾き手がいて。ピータースの「ドンドンドンッ、これに合わせろ」「ガンガンガンッ、ガンガンガンッ」で、振付に合わせたアレンジになった。

——「振り先」だったんですね。凄いな。そんなことが可能なんですね。

錦織　そんなことができるのは、ピータースだけだよ。「俺はこう振付したいから、こう弾け」って（笑）。それでデモテープを作ったんだから。

――以前うかがったマイケル・ピータースの話で面白いと思ったのが「9時から6時まで」と決まったら、時間ぴったりに始まって終わる。物凄くシステマチックなんですよね。それはアメリカのダンス業界の掟なんですか？

錦織　それはダンスに限らないんじゃない。映画製作もそうでしょう。「5時まで」と決まったら、途中でも何でもさっさと引き上げちゃう。

――ところで、マイケル・ピータースの振付の印象はどうでしたか？

錦織　今だから言うけど、マイケルの『ビート・イット』や『スリラー』に、俺はあまり美を感じない。もっと言えば、ピータースの振付は嫌で仕方なかった。変形なんだよね。ボブ・フォッシーの変形はカッコいいよね。本当はターンアウトしなきゃいけない膝を、内に持っていったのがボブ・フォッシー。『キャバレー』でライザ・ミネリがやっているじゃない。本当は邪道なんだけど、ボブ・フォッシーの場合はオフバランスで、カッコよかった。

――「変形」ってどういうことですか？

錦織　定型を崩すこと。例えば、ターンアウトというのは本当は膝を外側に向けなきゃいけない。でも、ボブ・フォッシーは委細構わず内に持っていく。今の子たちがやるコンテンポラリーみたいなもの。ピータースの振りを踊っている時とか、トラヴィス・ペインの振りを踊っている時のマイケル・ジャクソンに、俺はあまり魅力を感じないのね。それよりは、振りと違うところで勝手に回って、スッとつま先で立ったりとか、勝手にアップしているとか、自分勝手に動くマイケルこそカッコいいじゃない？

——定型の振りをやるんじゃなくて。

錦織　俺に言わせれば、マイケルは定型の振りは下手だもん。定型の振りは、ちょっと違うから。『デンジャラス』の時もそうだよ。定型の振りになった時、マイケルは必ずダンサーと合わなくなって間違える。左右を間違えてる時もあるし。

——ダンサーの錦織さんの目から見た考察が興味深いです。

錦織　そういうのを観て「いやあ、マイケルは神懸かってる」と言う人もいるかもしれないけど。

——『ビート・イット』のビデオでも、足の上げ方とか間違っていますね。そのまま採用されてはいるけど。

錦織　俺は、「マイケルの癖を真似してどうするんだよ」と前から思っていて。それってコスプレでしょう。ピータースの振付も癖が強いから。マイケル・ジャクソンは決してピータースの影響は受けてないと思うんだ。マイケルには独自のものがあるから。ムーンウォークにしても、ポッピン・ピートという向こうのストリートダンサーの影響だから。ムーンウォークにはもともと、「バックスライド」とか「バックブーグル」とか、いろいろな呼び名があったのよ。それはマイケルがやるより先だからね。

——ですよね。

錦織　「ソウル・トレイン」に、ジェフリー・ダニエルが女の子とペアで出ていて、そこでやっていたのがムーンウォーク。それを真似したのがマイケル・ジャクソン。ジェフリーのほうが先だからね。

——ジェフリーは『バッド』のMVでも後ろで踊っているんで良い関係だと思いますが。

錦織　そうそう。マイケルはそういうアンダーグラウンドのアーティストから技術を盗んでいるわけ。「あ、これを使っているのね」「うわっ、マイケル神懸かってる」みたいな感じ。でも、マイケル・ジャクソンが使うと一気に広まるから、ファンは「うわっ、マイケル神懸かってる」になるという。

——マイケルの場合は、作詞も作曲もやるし、歌も歌うし、ダンスもやる。いわば伊勢丹のような百貨店なんですよ。「食料品はこのフロアで、スーツはここ」みたいに、そこにはいろんな店舗が入ってる。そのひとつをジェフリー・ダニエルとかが担当していて。

錦織　その喩えは凄くわかりやすい。

――ダンスに関しては、錦織さんはマイケル以上に正式な訓練を受けていて、アクロバットもこなすアスリート的な部分もありますよね。ダンスの種類が違うというのもありますけど。少年隊の3人はマイケルに影響を受けつつ、マイケルができないこともやっているのは事実だと思います。中でも錦織さんは、東山さんや植草さんも認めるように図抜けて上手いと思います。

錦織　どうした急に（笑）。まあ、ジャンルの違いはあるよね。

――僕が言いたいのは、少年隊のデビュー時のキャッチフレーズである「日本発、世界行」というその意味が、実際にYouTubeに多数の動画がアップされてしまっている今、ようやくわかるのかなと。海外のものもフラットに比べられる世の中じゃないですか。BTSはまさに「韓国発、世界行」なんだけど、少年隊の昔の動画を見れば、3人はとんでもないというのが、むしろ今の目で見てこそわかると思う。

錦織　ジャクソンズのメドレーを少年隊で踊ったこともあるんだけど、自分の中で決めていたのは「マイケルの曲をやったときには、マイケルみたいには踊らない」ということ。それを目指したし、そこは気を付けたよね。「マイケル・ジャクソンの踊り方にはならないように」と。

――20歳前後でその意識があるのは凄いなあ。

錦織　それを生意気と思う人もいたかもしれないけど。振付の先生方には申し訳ないんだけど、俺は「振付は振付だ」と思っているんですよ。悪い意味ではなくてね。

――それ以上でもない。

錦織　振付は振付で、間違えないように順番を覚えればいいじゃない？　振付があれば、踊りができない人もたくさん練習すればできるようになる。振付の動きにはなるから。でも、それは踊りじゃないと思うんだ。本当に申し訳ないけど、振付そのものに魅力を感じたことがないんだよね。マイケルには魅力を感じるけど。一番カッコいいのは、『今夜はドント・ストップ』。あれが一番。振付ではなくて、自分でやっているでしょう。踊らされてないというか。『スリラー』よりカッコいいと思う。「マイケル・ジャクソン研究家」の郷太はどう思う？

――(笑)。『オフ・ザ・ウォール』とか、あの時期は大好きですよ。

錦織　あと『ロック・ウィズ・ユー』とか。柔らかいじゃん。グルーヴィーじゃん。「ワーム」って技も使っていて。「カッコいいじゃん、踊ってんじゃん」って。こういうブギーウォークみたいなのをやるんだけど、あれもいい。ひときわグルーヴ感が満載で。

幻の未発表曲と「日本発、世界行」

――以前にちらっと聞いたんですけど、デビュー前に英語の曲をレコーディングしていたんですよね。

錦織　そうそう。実はあるんだよ。

――それが未発表のまま眠っているというのももったいない。

錦織　ロスに行って、マイケル・センベロというアーティストの自宅スタジオで録音していたのね。ロスから自宅のあるサクラメントまで車で行って、その時に英語の楽曲も録った。でも、結局出せなかったんだよね。

――オリジナル曲ですか？

錦織　もちろんオリジナル。おそらく7、8曲はあるんじゃないかな。『ガールズ・イン・ユニフォーム』って曲はカバーだったけど。

――タイトルとかも決まっていたんですか？

錦織　あった。ただ、それをまとめたアルバム自体にタイトルはなかった。個々の楽曲にはあったけどね。全部覚えていないけど、『ルック』という曲はカッコよかったなあ。

――その幻の英語曲は『仮面舞踏会』よりも先に出るはずだったんですか？

錦織　どうだろう……。ただ、録音は『仮面舞踏会』より先にしているのよ。
――それは聴いてみたいですね……。
錦織　英語の曲だけではなくて、メジャーデビュー前に『サクセス・ストリート』（註：デビューアルバム『翔 SHONENTAI』に収録）という曲を筒美先生が作ってくれた。そのときにもう2曲ぐらいレコーディングしたけど、世に出ていない曲がある。
――へー。しかし、せっかくサクラメントまで行って録ったのに、陽の目を見なかったのは何ででしょう？
錦織　何でだろうね。「これは適当じゃない」ってジャニーさんが判断したのかどうか……。俺もよく把握してないのよ。
――ぜひ再発掘して陽の目を見るようにしてほしいですね。未発表の曲をまとめて「アナザー・サイド・オブ・少年隊」みたいにして出すとか。
錦織　面白そうだね。『ルック』は英語だったから、アジアでのコンサートとかでは歌ったはずだよ。「じゃあ『ルック』やっとこうか」って感じ。だから厳密に言うと、陽の目を見てなくはないの。今でも事務所のどこかにはまだ眠っていると思うけどね。
――その英語の未発表曲の作詞・作曲は誰なんですか？
錦織　マイケル・センベロが中心となってやっていたんだよね。センベロはスタジオ・ミユージシャンとしても超一流で、それこそマイケルとかスティーヴィー・ワンダーなんかとも一緒に仕事しているから。でも作詞・作曲は誰だったんだろう？

――本当にデビュー前からいろいろやっていたんですね。

錦織　センベロの家で録音しているんだけど、レコーディングディレクターがリチャード・ルドルフといって、歌手の笠井紀美子さんの御主人なのよ。その前の奥さんはミニー・リパートン。ミニー・リパートンが亡くなって、笠井さんと再婚したの。

――この少年隊のエピソードもそうですけど、初代ジャニーズに提供されたけど未発表で、その後アソシエイションがカバーして世界的ヒットとなった『ネバー・マイ・ラヴ』という曲があったように、ジャニーさんは本気で世界を狙っていたんですね。少年隊もどうにかして海外で売り出したいという。

錦織　それはある時期まであったと思う。「日本発、世界行」だからね。

――「世界に行くぞ」っていうのは、実際にジャニーさんから聞いていたんですか？

錦織　聞いていたというか、前の年からチョコレートの「デラ」のＣＭとビデオ撮影、写真集やらなんやらで海外に行きまくってたから。今にして思えば珍しいことだしね。他のジャニーズのタレントは、みんな時間的な余裕が全然なかったと思うんだよね。歌番組とかスケジュールの問題もあって。写真集の撮影のためにエジプトまで行ってるからさ。

「今日からスタートだと思ってやんなさい」

——ジャニーさんのＯＫも出て、ようやく『仮面舞踏会』が出来上がります。その瞬間はどんな気持ちでしたか？　「ついに！」という感じでしょうか。

錦織　何だろうなあ……。特になし（笑）

——えー（笑）

錦織　本当に記憶から抜け落ちているのよ。それだけデビュー前が一番忙しかったということなんだけど。

——資料では、「10月28日、代々木２２１スタジオで公開レコーディング。デビュー曲『仮面舞踏会』を歌う」という記録があります。

錦織　よく調べたねえ（笑）。これはおそらく録音したものに口パクで合わせたんじゃないかな。いかにも「レコーディングしています」という風景をテレビ用に撮影するためのもので。すでに曲は出来ているわけだから。

——それからは12月12日のデビュー前に、台湾でも公演をしています。ここで『仮面舞踏会』も披露したのですか？

錦織　披露していない。まだ台湾では歌っちゃいけなかった。さっき言った『ルック』とかを歌ったんじゃないかな。

――ちなみにこの台湾公演で錦織さんは「高さ5メートルの櫓から落下して負傷」と、資料にあります。

錦織　ああ……。あれは、落下じゃなくて飛び降りたんだ（笑）

――飛び降りた？

錦織　飛び降りた（笑）。さすがに「ギャーッ！」となったよ。

――それはなりますよ。ケガしたんですか？

錦織　ケガしたねえ……。

――しみじみ言わないで下さい（笑）。しかし、5メートルというのは凄い。しかも待望のデビュー直前に。

錦織　滞空時間が思ったよりあったのは覚えている。それも飛んでから気付いた（笑）。「あれ、ちょっとあるな。ガーン！」って。だからデビューのときは負傷中だったという。「夜のヒットスタジオ」で『仮面舞踏会』を初めて披露したんだけど、その歌い出しの寸前、カメラリハーサルぐらいまでは松葉杖で勘弁してもらっていたんだよ。痛み止めを打ちながら、どうにかこうにかやったんだけど。

――このときの「夜のヒットスタジオ」で初めて『仮面舞踏会』のパフォーマンスを披

露したんですね。

錦織　そう。『夜のヒットスタジオ』で初披露しないといけない」という不文律が当時の芸能界にはあったんだよ。それが暗黙のルールで。

——その出演が1985年12月11日水曜日。つまりデビューの前日です。

錦織　その前に「ヤンヤン歌うスタジオ」で撮影はしている。ただ放送は後日だから。

——デビューまで長い道のりだったじゃないですか。その感慨みたいなものは特になかったんですか。小6でジャニーズに入って、一回休んで、その後は近藤真彦さんのバックをつとめたりいろいろあって、メリーさんにも直談判して……。

錦織　まあそうなんだけど、その時に覚えているのは、「夜ヒット」には疋田拓さんという名物プロデューサーがいて、業界では知らない人はいない。俺たちも前からお世話になっていてさ。デビュー前にもかかわらず、3年ぐらいずっと定期的に出してもらっていたんだけど、そのことで新聞に叩かれたりとかしたの。「デビューもしていないのに、普通だったらあり得ない。青田買いにもほどがある」って。

——思いっきり批判されたんですね。

錦織　確かにいろいろ活動はしていたけど、レコードは出していないから。同じようなことは他のプロダクションの人も思っていたはずで。それでも疋田さんは「いいよ、この子たちを出そうよ」とジャニーさんにＯＫしたの。疋田さんのその一言で全部ひっくり返っちゃった。それぐらいの存在で、俺たちにとっては大恩人だから。

――実際は「青田買い」どころか、デビューが遅かっただけで実力十分でしたからね。

錦織　だって、デビュー前からどんどんテレビにも出ちゃっているわけだしさ。「ホリプロタレントスカウトキャラバン」というのがあったでしょ。あれにもエスコート役で出ているのよ。デビュー前にもかかわらず（笑）

――デビュー前なのにスカウトの手伝いを（笑）

錦織　そうそう。「今度の新人の方ですね」なんて、俺たちが紹介する。俺たち自身がまだデビューしていないのに、デビューする人をエスコートする役柄で。だから当時はまあ複雑だったよね、それなりに。

――確かに。

錦織　「夜ヒット」は、みんなが出たい番組なのに、疋田さんの一言で俺たちは出してもらえていたわけだ。実際に疋田さんはワンマンで怖かったしね。これは余談になるけど、小林麻美さんが出演予定で、新聞のラテ欄にもクレジットされているのに、突然出なかったことがあるの。

――何でですか？

錦織　「夜ヒット」のオープニングを覚えている？　あれは次に歌う人の持ち歌を前の人が一節歌って紹介するという流れだったでしょう。小林さんは、どうやらそれを覚えてこなかったらしいのよ。歌わなきゃいけない人の楽曲を。

――ああ。

錦織　リハーサルのときに歌えなかったのを見た疋田さんが、「出なくていい」と。あれには本当にびっくりした。

――えー、当時の小林麻美さんは人気あったのに。

錦織　それでも出さなかった。そのぐらいワンマンの人。でも、その人が「ジャニーさんが言うんだったらいいよ」って。その一言は本当に大きかったんだよ。

――なるほど。それでデビュー前日に出演して、疋田さんに声を掛けられたのですか？

錦織　うん。「あなたたちね、今日からスタートだと思ってやりなさいよ」と言ってくれたんだよね。「ここからだと思って、必死にやりなさい」って。疋田さんとしては、俺たちをすれっからしにしたくなかったんだろうね。

――その言葉を今でも大切にしているんですね。

錦織　うん。初心を大切にしろ、ということだよね。

鳴らないデビュー曲

――番組でのパフォーマンスが終わって、「いよいよデビューだ！」と3人で飲みに行ったなんてこともなかったんですか？

錦織　それもない(笑)。俺以外はまだ未成年だし。3人とも仕事の現場から合宿所に直帰したよ。「夜ヒット」収録の後も「明星」や「平凡」といった雑誌の撮影や、いろいろな仕事があったから。もしかしたら別のレコーディングが残っていたのかも。並行してファースト・アルバムを作っていた時期でもあったから。

――少年隊の35周年ボックスセットでも、錦織さんは「実家のステレオのターンテーブルにのせたドーナツ盤。そこに恐る恐る針を置き、ブツブツというスクラッチ音と共に聴こえてきた自分の声に、飛び上がらんばかりの悦びを憶えた」とコメントしていましたよね。これは『仮面舞踏会』のことですよね。

錦織　そうだよ。やっぱり『仮面舞踏会』は、最初に自宅のステレオで聴きたかった。

――ご実家で嚙みしめようと。

錦織　『仮面舞踏会』は、それぞれB面が違ったレコードを3色出したのよ。そのひとつを自宅のステレオから流そうと思ってスイッチを入れたら、EPサイズとLPサイズを測る光センサーを使っているステレオだったんだけど、透き通ったレコードで、それこそソノシートみたいな色をしているわけ。だから、光が漏れて読み取れない。結果、全然かからなかったという（笑）

――そんなオチが（笑）。そのターンテーブルが針を自分で置くタイプのものじゃなかったから。

錦織　そうそう。手動じゃなくてボタンを押すと針が落ちるやつだから。それが読み取れなくて、針が何度も戻って来て、結局聴けなかった。だから、すぐに「早く黒いのも出してくれよ！」って（笑）

――ハハハ！

錦織　かからないんだよ、ようやく出来た俺の曲なのに（笑）。これは本当の話。レコードと言えば、1986年に出したファースト・アルバム『翔 SHONENTAI』のジャケット印刷は、俺の親父が勤めていたイシイ印刷に頼んだの。前からコロムビアやワーナーのジャケットを手掛けていたからね。ジョン・レノンとオノ・ヨーコの『ダブル・ファンタジー』もイシイ印刷だったと思う。

――それは錦織さんがお願いしたんですか？

錦織　俺がワーナーにお願いしたの。「イシイ印刷とは取引きがない？　最初のアルバムはお願いできないかな」と。それが実現できたのは、嬉しかったね。

デビュー後の繁忙

——デビュー前からずっと忙しくて、グシャグシャな日々だったということでしたが、デビューしてからはもっと忙しくなったんですか？

錦織　そうだね……。ひとつは、ジャニーさんってスタジオが嫌いで、とにかく中継が好きなのよ。「ザ・ベストテン」で「コンサート会場から中継でーす！」というのがあったでしょ。そこから「黒柳さーん」って話しかけたり。ジャニーさんは、あれが大好き（笑）

——当時の歌番組の醍醐味でもありますね。

錦織　移動中とか外国まで中継をつなげたり。昔、聖子ちゃんが新幹線のホームで歌って、終わってそのままマイクと一緒に新幹線に乗ってっちゃった事件なんてあったじゃない。ジャニーさんは、スタジオのバンド前セットが嫌いなのよ。だから「ザ・ベストテン」は、バンド前セットでは、あんまり歌ってない。違うスタジオにバンドを組んでもらって中継したり、必ずどこかTBSのGスタ以外のところに行くんだもん。

——中継がしたいがため（笑）

錦織　そうそう（笑）。「また行くよ」って言うからどこかと思ったら、アメリカに行くの。

――当時アメリカにはめっちゃ行っていましたね。

錦織　かなり行ってるよ。１９８６年には『ＬＡらＬＡらＬＡら』というビデオを出したんだけど、あれもロスで撮ったから『ＬＡらＬＡら』というタイトルなの。もう何回も行って撮ってるから、髪も短い時と長い時がある（笑）。「ロスに行って、そこからヘリに乗って」みたいな。遊んでいるように見せるための仕事だよ。当時はバブルだからね。テレビ局もアイドル雑誌も同行して、みんなと一緒に行く。そのグチャグチャ感がまた凄まじくて。

――豪勢ですよね……。

錦織　朝起きてジャニーさんの借りている部屋に集合して、「まずは『月刊明星』さんの撮影ね、それから2時頃になったら『平凡』さんだから」って、その調整が大変だった。あとは合同取材とか、ビーチでローラースケートを履いて滑っているところをカシャカシャやったりとか。

――とにかく撮影が多かったと。

錦織　うん。もうとにかくいちいち覚えていられないぐらい。ある時は、早朝に湘南へ「明星」の撮影に行って、昼過ぎに都心に帰って来て「平凡」のロケバスに乗ってどこへ行くのかと思ったらまた湘南。「やめてくれよ、今さっき行ってきたよ」って（笑）

――ハハハ！　二往復は嫌ですよね（笑）

錦織　さすがに「一日二回は嫌だよ」と主張して、代々木公園で勘弁してもらった（笑）

――言えば通ったんですね（笑）

錦織「だったら最初から代々木公園でいいじゃん」って。「俺たち代々木公園でもちゃんと楽しそうな顔するよ」って（笑）

――それはデビュー前後で、忙しさは変わらない感じですか？

錦織　変わらなかった。雑誌取材の嵐。「デュエット」という雑誌が創刊（1986年11月刊）する時のイメージキャラクターが俺たちだったり。

――それだけ海外に行っていて、「アメリカでレコード出したいな」というような希望はあったんですか？

錦織　あんまり思ってなかった。「とにかくまずは日本で何とかしなきゃ」って俺は思ってたからさ。

――海外ロケは楽しかったんですか？　それとも「面倒だな」と思っていたんですか？

錦織　楽しくないよ。行ってもスケジュールびっちりで、遊びに行けないから。

――移動の飛行機ではずっと寝ていた？

錦織　そうなるよねえ。

──その時はファーストクラスとか、いい席に座らせてもらっていたんですか？

錦織　うん。いい席に座らせてもらっていた。プロゴルファーの倉本（昌弘）さんが乗っていたときもある。「倉本さんがいるよ。全米オープンかな」って。

──ジャニーさんも必ず一緒に行っていたんですか？

錦織　行ってる。ジュリーちゃんも時々行っていたね。

──ジャニーさんはアメリカ育ちですもんね。

錦織　そう。だから、ジャニーさんが一緒なら通訳は要らない。

──衣裳について、錦織さんはこだわりはなかったんですか？　出されたものを素直に着ていたんですか？

錦織　こだわらないというか……。当時、普段着で一番着ていたのが、ボロボロのジーンズにGジャン。ブルース・スプリングスティーンが好きだったから。白いTシャツにジーパンだけとかさ。それでメリーさんによく怒られたよ。「あんた、汚い。いつ見てもジーパンで汚い、汚い」って（笑）

──ハハハ！

錦織　メリーさんはいつもジーパンのことをけなすのよ。「あんた、いつもジーパンね」って。それで頭にきて、ヴェルサーチとか、いわゆるブランドものばかり着るようになっ

たの。そうしたら後になって東山が「ベストジーニスト賞」に選ばれた（笑）
――えー！（笑）
錦織　「どういうこっちゃねん」って（笑）
――ジーパンといえば俺だろう、と（笑）
錦織　当時の東山は、佐藤孝信のアーストンボラージュとか、そんなのばっかりしか着ていなかったのに（笑）。当時の俺の格好は尾崎豊に近かったかもね。尾崎くんとは同い年だし、バックバンドがダブっていた時期もあって「夜ヒット」で何度か話したことはある。
――岡村靖幸さん、吉川晃司さんと同じ学年ですもんね。この時代は、ほとんど寝ずに働いていたんですか。
錦織　いや、海外にいる時はちゃんと寝られるよ。
――なるほど。むしろ海外にいる方がスケジュールも緩いんですね。
錦織　そう。東京に比べれば全然。
――東京にいる時は、毎日睡眠3時間ぐらいですか？
錦織　特に映画を撮っている時は酷かったね。早朝から宇都宮の先にある大谷石の石切り場まで行ってロケをして、夜にはニッポン放送のラジオ番組を録りに戻らなきゃいけない。終わって、また栃木に戻るみたいな。

――それは大変。でも、移動の車中では寝られるんですよね。

錦織　それがさ、運転するマネージャーもフラフラになっちゃってて。仕方ないから、俺が代わって運転したんだよ。

――えー！

錦織　その頃は、ジャニーさんとメリーさんがいて、現場には年の近いマネージャーがいたの。

――マネージャーは少年隊の3人それぞれに付いてたんですか？

錦織　いや一人が3人まとめて見ていた。だから、まだ合宿所なんだよ。3人がバラバラのところに住んでいたらそれぞれ送るのも大変でしょう。デビューしてからも慎ましやかな暮らしを続けていたのは、そういう理由もあるんだよ（笑）

――さすがに遊ぶ気力と体力も奪われそうですよね。宇都宮と都内を自分で運転して往復していたら。

錦織　でも不思議と運転できるんだよね。若いから体力だけはあるんだよ。あの体力はどこにいったんだろう（笑）

――そんな多忙過ぎる日々のなか、1985年12月29日に初の武道館コンサートにたどり着く、と。

錦織　よくデビュー直後のグシャグシャで、武道館やれたよね（笑）

――さすがにデビュー直後ということもあって、この年の「紅白歌合戦」には出場していませんね。でも、フジテレビの「世界紅白歌合戦」には出演しています。

錦織　「第一回世界紅白」と言いながら、二回で終わっちゃったんだけど（笑）。俺たちがトップバッターだったんじゃないかな。楽屋でＮＨＫの紅白を見ながら、お餅を食べた記憶がある。

――そして念願のデビューとなった１９８５年が暮れていくわけですが、「激動の１年が終わったなあ」という感慨はあったんですか？

錦織　なかったと思う。「あー、明日も仕事か」とか、そんな感じだよね。

第6章　それぞれのタイムカプセル

「自分のことは自分でやれ」

――さて、ついにデビューを果たし、飛躍の1986年が始まります。それまでは少年隊も、錦織さんもジャニーさんと一蓮托生だったと思うのですが、そうした関係に変わりはなかったんですか？

錦織　俺たちはずっとジャニーさんと一緒に作ってきたじゃない？　俺の中では、いわゆるアイドルの図式というのがあるの。曲でもステージでも何でも準備、お膳立てされていて、スタッフに「これをやりなさい」「これを歌いなさい」「こういう風にやりなさい」と指示されて、素直に「はい」とその通りにやる。「アイドルとはそういうものだろ」というイメージが、それこそ事務所に入った頃にはあった。

——普通そう思いますよね。

錦織　曲でもステージでも、事務所に入った頃は「自分で作りたい」と思わなくて、興味もなかった。他のアイドルのように「これをやりなさい」「はい！」でいいと思っていた。「これこそがアイドルだ」と。

——はい。

錦織　ずっとそう思っていたんだけど、あるとき、ジャニーさんにその質問をぶつけたのよ。返ってきた答えは、「自分のことは自分でやれ」だった。

——おー。

錦織　それを聞いて、ひっくり返ったよ。

——それは凄い。

錦織　それからは振付を覚えるための曲だったり、制作途中の曲だったり、ダブルカセットを使って俺が自分で編集するようにしたの。誰もやってくれないというのもあるんだけど。

——アイドルだからといって、「やってもらう」のを待つばかりではダメだと。

錦織　最初は俺もアイドルだという自覚があったから、「やらされる方」を好んでいたというか、希望していたんだけど。そうしたらジャニーさんが「自分が歌うことなんだからさ、自分のことは自分でやれ」と。衝撃だったよ。

——それは錦織さんがいろいろなアイデアを持っていることをジャニーさんは見抜いていたから、そう言ったんですかね？　他の人にも同じように言っていたのでしょうか？

錦織　どうかな……。ともかく俺は、そこからジャニーさんと一緒に作る、という意識に変わった。やらされるんではなくてね。だから俺の中で「ものづくり」の部分は、少年隊というグループとはセパレートなものだったの。３人のグループなのに、いつも俺ばっかりやってるんだもん（笑）

——それはデビュー前後ぐらいから、そんな感じだったんですか？

錦織　ずっと。ジャニーさんが俺にそう言った時から。

——それまでのジャニーズでは、錦織さんのような役割を果たしていた人はいたんですか？

錦織　どうだろう。あー、コーちゃん（北公次）はやってたかもしれない。

——でも、最初は「言われるがまま」のことをそのままやった方が楽っちゃ楽ですよね。言われた衣裳を着て、言われた曲を歌って。そもそも矢沢永吉さんに憧れていたわけですから、自分の趣味とは違う世界なわけで。
錦織　最初は「そういうもんだ。それは仕方ない」と思っていたから。それが「自分のことは自分でやれ」と言われてから変わった。アイドル歌手なのに、ニューミュージックのシンガーソングライターみたいなことをやっているのよ。わかる？　言っていること。
——わかります。光ＧＥＮＪＩの若いメンバーなどは違ったんでしょうか？
錦織　違ったんじゃない？　他人のことまでは知らないけど、こと俺はそうだった。『仮面舞踏会』もそうだったし、その後もスタッフに頼まれて、自分でアレンジメントしたり。
——それだけ頼られていたということですよね。
錦織　歌うだけじゃなくて、踊るのも俺だから、「この曲の感じだと息継ぎができない」とか「ここは無理」まで把握しているじゃない。そのことをジャニーさん本人にもぶつけることもできる。パフォーマーでもあるわけだから。
——制作だけでなく演者だからこそ言えることがありますもんね。
錦織　そう。曲も「ここでちょっと止めてもらった方がいいよ」とか。「タカタカタカタカッ」ってアクセントを取るときにも、「このぐらいの伸ばし方じゃないとダメだよ」というのは、身体がわかっているから。それをいちいちジャニーさんと話し合って作ってたから。

――なるほど。

錦織　とにかく俺は、「出されたものをそのまま歌っちゃいけない」とジャニーさんに言われて育てられた。出された曲がつまらなかったら、良い方向に変えるように努力する。「YOU、そう思っているなら自分で変えないと」って、ジャニーさんはいつも言ってたから。もちろんジャニーさんが裏でフォローはしてくれていたんだろうけど。「YOU、言えばいいじゃない。そう変えればいいじゃない」って、ずっと背中を押してくれていた。

――それだけ「自分のことは自分でやれ」というジャニーさんの教えに忠実だったんですね。

錦織　忠実も忠実だよ。以前、郷太に「なんであそこの歌詞を変えたんですか」と文句を言われたことがあったけど、俺はそうやって育てられたからさ。

――歌詞をめっちゃ変えられた状態でリリースされたから！　単純にビックリしたんですよ。

錦織　そうやってすぐ怒る（笑）。でも、直さなきゃいけない時があるんだよ。当時のディレクターに聞けばわかるけど、郷太の時と比べものにならないぐらい変えていたから。

――それは僕が少年隊に歌詞を提供した『プリマヴェラ～灼熱の女神～』（２００１年）の話ですよね。いやいや、僕は全然文句言ってないですよ。怒ったというか戸惑ったのは、変えたこと自体ではなくて、そのことを聞かされなかったことで。あの頃は僕もまだ20代でほぼ初めての楽曲提供で「こういうことがよく起こるのか？　これからは？」と思ったんですが、少年隊だけでした（笑）。例えば、『少年タイムカプセル』というタイトルの本を作ったと思っていたら、届いた本は『少年ゴールデンボーイ』だった、みたいな。それは「えっ？」ってなるじゃないですか。

錦織　そういうことか（笑）

――そういうことですよ。当時はまだ錦織さんのメールアドレスや携帯の番号なんかも知らなかったですもん。今の関係性だったら錦織さんに「違いますやん」って言えるけど、当時はまだ言えない間柄で。「えっ？　歌っているのちゃうし……」って。僕は今まで200曲ぐらい曲を提供したけど、そんなに変えたの錦織さんだけなんですよ。

錦織　ハハハ。でも、そんなに変えてないってば（笑）

――いやいやいや（笑）。ミュージカル『JAM TOWN』の時は、二人でプロセスを共有していたからいいんですけど……。まあ、とにかく錦織さんのアレンジ力が凄いとか、アイデアマンなのは、みなさんわかっていると思うので。

錦織　『仮面舞踏会』の「Tonight ya ya ya… tear」のアイデアを俺が出したとか、少年隊方面のアレンジの話は喜んで聞くのに、自分が作った曲になると、「この人、めちゃくち

ゃ変えるんです」って（笑）
——怒ってないですよ。ただ、本当にCDもらって腰を抜かしたんですよ（笑）
錦織　ほら（笑）。『JAM TOWN』でも四拍子の歌を、俺が「三拍子に変えてくんねえかな」と言ったとき、郷太は黙秘してたじゃない（笑）
——黙秘じゃないです！（笑）
錦織　その頃は『トイレの神様』とか三拍子の曲が流行ったのよ。日本人はわりと三拍子が好きだから。変える必然性があると思ったけど、郷太は黙秘（笑）
——そんなこと言われると、なんか僕がずっと文句を言っているように思われちゃうじゃないですか（笑）
錦織　え、違うの？（笑）。でも真面目な話、この本にはそういう部分があってもいいと思うんだよ。俺が話していることを、「なるほど」「すごいですね」ばかりで受けるのではなくて、今のように郷太が「異議あり！」と踏み込むような瞬間があってもいいじゃない。
——一応、そこは言っとかないと（笑）
錦織　それこそが俺の目指すものであって、大事にしたいのはドライブ感。何でも肝はドライブ感だから。郷太には「変えるんだ、このバカが」ぐらい言ってほしい（笑）
——「他の人のは変えてもいいけど、俺のは変えないで下さい」（笑）

錦織　その調子（笑）。それはいいことであり、俺が郷太をいじめているとシャレにならないけど、逆はありなんだよ。俺の言うことに茶々を入れたり、「あんた違うじゃない」と郷太が言えば対話にもドライブがかかるし、それが面白いんだから。
――それはその通りですね。
錦織　そう。……で、何の話だったっけ（笑）
――頼みますよ！　だからジャニーさんに「自分のことは自分でやれ」と教わったという話です（笑）
錦織　そうだった（笑）。郷太の歌詞を変えたのも、ジャニーさんの流儀を貫いたということだね。
――結局、良い話になっちゃうじゃないですか（笑）
ワカチコ！　ワカチコ！
――1985年12月に『仮面舞踏会』で待望のデビュー。「ザ・ベストテン」6週連続1位など、少年隊の快進撃が始まります。そして1986年3月には、セカンド・シングル『デカメロン伝説』が発売。
錦織　作詞は秋元康さんで、作曲は『仮面舞踏会』に続いて筒美京平先生だね。

――『デカメロン伝説』は、それこそ錦織さん発のアイデアがいっぱい詰まった曲ですよね。まずはよく知られているイントロの「ワカチコ」。

錦織　これはスペクトラムの「ワッチコン」ね。

――「ワカチコ」じゃないんですね。

錦織　元ネタは「ワッチコン」なの。スペクトラムの『トマト・イッパツ』のオマージュ。「ワッチコン、ワッチコンコンコン、ワッチコン……」という。それを遊びというかシャレでイントロに入れてみたらハマったんだよね。

――では、あの声も錦織さんなんですね。

錦織　そうそう。本番のレコーディングが終わった後に、スタジオに残っていろいろな掛け声を録音して遊んでいて。

――スペクトラムの新田一郎さんも、少年隊にいろいろな曲を書いていますね。

錦織　ビデオデビューのときから新田さんは曲を書いてくれてた。ジャニーさんが頼んだんじゃないかな。俺がスペクトラムを好きだから。

――スペクトラムの『トマト・イッパツ』も、錦織さんに勧められてアナログ買いました。

錦織　いいでしょう?

――最高。

錦織　「♪フタリノ　アサハ　ネムイ」って歌い出しの『トマト・イッパツ』という曲は、「トマトジュースでも飲んで、もう一発やろう」っていう曲だよ。だから「ワッチコン、ワッチコン」というのは、実は際どいシーンの効果音なんだよね。

――大人の擬音だったんですね。

錦織　『デカメロン伝説』も、本当は間奏に「ドンドンドンドンドン、ワカチコン、ワカチコン」って裏で打ってたの。それを「ワカチコン」と表で突いたのがディレクターの鎌ちゃんなの。サンプラーで表突きにしたのよ。16を裏で食ってるから、「ゥワッチコン、ゥワッチコン」って。

――そんな大人の遊びが入っていたんですね。

錦織　それとダンスは『仮面舞踏会』より『デカメロン伝説』の方が大変だった。『デカメロン伝説』はディスコビートでＢＰＭも早い。ギターカッティングの曲だからハードでさ。間奏でもフロアにスプリットで入っていったり、寝っ転がったりと動きが激しいのよ。

ジャニー喜多川のタイムカプセル

――『デカメロン伝説』が１９８６年3月に発売されて、7月にはその後23年続くミュージカル『PLAYZONE』の記念すべき初回がスタートします。少年隊の代名詞とも言えるこの『PLAYZONE』についても、いろいろとお話を伺わないといけません。

錦織　そうだね。『PLAYZONE』の開幕とほぼ同時にサード・シングル『ダイヤモンド・アイズ』が発売されていると思うんだよね。この曲にもいろいろとエピソードがあって……。

——『ダイヤモンド・アイズ』は、個人的に今一番「少年隊」的と感じている曲のひとつです。

錦織　この曲のレコーディングの時にA面を『ダイヤモンド・アイズ』にするか『レイニー・エクスプレス』にするかで、ジャニーさんとメリーさんが烈火のごとくケンカしてたの。俺たちがレコーディングをしている隣のスタジオで、音が聞こえないようドアを閉めて、それはもう激しく。

——『ダイヤモンド・アイズ』を推したのがジャニーさんですか？

錦織　そう、もちろん。

——メリーさんが『レイニー・エクスプレス』を推していたんですね。

錦織　メリーさんはこの曲のメロウなところが気に入ってたみたい。

——なるほど。宮下智さんが作られたこれまた名曲ですね。ただ、「ミュージカル」的魅力に満ち溢れているのは、『ダイヤモンド・アイズ』でしょうね。
錦織　もう俺たちが口を挟めないぐらいの剣幕だった。だってほら、俺たちはまだその時20歳前後の若造でしょう。その新曲のA面B面をどうするかで、ジャニーズ事務所の風神と雷神が大ゲンカしているわけだ。俺たちのことで揉めているのを見て、「いやあ、俺たちはとんでもないことをやってるな」って思ったのを強く覚えている。「凄い責任を持たなきゃいけない仕事をしてんだな」と、その時に痛切に感じたんだよ。難しいのが二人とも正論なんだよね。
――そんな紆余曲折がありつつ、最終的にはジャニーさんの案が採用されて、『ダイヤモンド・アイズ』がサード・シングルのA面になったと。
錦織　そう。それで、この時にマイケル・ピータースをわざわざ日本に呼んだの。
――そうか！　『ダイヤモンド・アイズ』の振付もマイケル・ピータースなんですね。ピータースとは、デビュー前の『ONE STEP BEYOND』以来ですか？
錦織　そうなるね。というのもこの時すでに『PLAYZONE』を始めることが決まっていて、それが7月スタートだから、ピータースを6月に来日させた。メリーさんは、季節のことを考えて、『レイニー・エクスプレス』を推したわけ。「♪夏の雨　くぐり抜ける」という歌詞もあるし。

――季節的にはジャストなわけですよね。

錦織　だけどジャニーさんはもっとジャンピーな曲でいきたくて、『ダイヤモンド・アイズ』を推したんだけど、郷太はどう思う？　今の視点で考えると『ダイヤモンド・アイズ』で正解だったと思う？　俺は『レイニー・エクスプレス』が悪い曲だとも思っていない。

――もちろん、素晴らしいですよ。さすが天才・宮下智、という感じです。

錦織　悪くないんだけど、やっぱり今考えても俺は『ダイヤモンド・アイズ』で正解だったと思うんだよね。サード・シングルだったということも考えて。

――僕にとって『ダイヤモンド・アイズ』という曲は、それこそ「タイムカプセル」だと思っているんです。他に好きな曲はいっぱいありますが、今は「『ダイヤモンド・アイズ』最強説」を唱えたいと思っているぐらい。最初に聴いた時は僕もまだ中学1年生で、その良さをわかっていなかったかもしれないけど、自分もだんだん成熟して、時代も変わって、嗜好も変化してきた。そこで言えるのが、「『ダイヤモンド・アイズ』は、ジャニー喜多川のタイムカプセルでもある」という。

錦織　ほう。

――一般的に少年隊の代表作は『仮面舞踏会』や『君だけに』と言われていて、それに比べると『ダイヤモンド・アイズ』の知名度は低いし、一番好きな曲として推す人もこれまではあまりいなかったと思います。でもだからこそ今、ＢＯＸのＤＶＤなどで『ダイヤモンド・アイズ』の動画を見たらそのクオリティに驚くと思うんですよ。ＢＴＳの『Dynamite』とかが好きな人は、おそらく『ダイヤモンド・アイズ』にはまると思います。

錦織　ああ、それはあるかもしれない。

――実は『ダイヤモンド・アイズ』が、いわゆる楽曲的に、「ピュアな視点で完成され、調和のとれた」いい曲なのかどうかは微妙なところがあって……。例えば「ピアノやギターで弾き語っていい曲なのか？」という疑問はあります。あくまでもアレンジと一体の曲で、パフォーマンスやダンスのために存在しているパッケージと言いますか。けれど、他の曲と比べても「ミュージカルをコンパクトに1曲に縮めた」総合芸術的な楽曲という印象が強くて。僕はこれまで、楽曲・歌・ダンスが合わさった総合芸術としての少年隊を象徴する曲としては、「『ＡＢＣ』が最強だ」って思い続けてきたんです。もっと言えば、1987年に発表された『stripe blue』『君だけに』『ＡＢＣ』。この3曲は完全に打った瞬間にホームランとわかる名曲だし、語り継がなければならないと。だから「少年隊の最高傑作三連打について書きたい」と、『1987年の少年隊』という本を出そうとまで考えていたんです。

錦織　それは前から言っていたよね。

――『stripe blue』『君だけに』『ＡＢＣ』この鉄板の3曲と比較すると、『ダイヤモンド・アイズ』は「時代の真芯をとらえていない」と勝手に思っていたのですが、今はこの曲こそ、２０２２年のスタンドまで飛んで来る場外ホームランだったと、最近はたと理解したんです。「自分の嗜好も変化するし、時を経て、リスナーや受け手の審美眼も上がる」ということを感じるし、「時代のめぐり合わせも大事なんだ」ということを痛感しています。

錦織　それで「ジャニーさんのタイムカプセル」ということね。わかる気がする。

――まさに『ダイヤモンド・アイズ』は、ジャニーさんが仕掛けた時限爆弾。40年近く経って爆発しているわけです。ただ、当時の印象が薄かったのも確かで、メリーさんが反対した気持ちもわかるんですけどね。

錦織　抑揚に乏しい曲だからね。情緒的じゃないというか。

――間奏のアレンジとか、涙が出てくるくらい最高ですから。30年以上経った今になってその良さがわかるというのも素晴らしいことじゃないですか。今は『ダイヤモンド・アイズ』を聴くにつれ、快心のホームランになりうる曲、ジャニーさんの最高傑作である少年隊の代表曲のひとつだと実感しています。

錦織　「ジャニーさんの時限爆弾」というのもいい表現だね。
――天才の視点って、後になって真意がわかることもありますからね。
錦織　それだけ良い時代だったんだよね。郷太が好きだった時代の楽曲というのは、相当労力かけて、時間をかけてつくってきたから。それだけ俺らは必死にやってたし、そう感じてくれるのは嬉しい。でも、俺たちだけじゃないんですよ。優秀なスタッフを揃えて、宣伝も含めて「ああでもないこうでもない」ってやりながら、みんなでしのぎを削る感じで頑張って、魂が入っちゃってるんで。
――はい。
錦織　これは余談になるけど『ダイヤモンド・アイズ』を作詞したのは神田エミという人なの。もともとは「江美早苗」という名前で、西野バレエ団にも所属していた有名なダンサーだったんだけど、最後は元夫に殺害されちゃったんだよね。
――今初めて知りました……。
錦織　うん。なんと言うか、いろいろな人が関わってあの曲が出来たということは知っておいてほしくて。

錦織一清のタイムカプセル

——思うんですけど、僕が『ダイヤモンド・アイズ』を後になって「うわ、場外ホームランだ」と思ったように、年齢によって曲に対する感度が変わってきますよね。

錦織　大人になると味覚が変わるみたいに、当然好きな曲も変わってくるよね。「なんだ、この曲は実はいい曲じゃないか」みたいな。

——だから面白い。少年隊の35周年ベストアルバムを聴いていてもそうだけど、「今はこっちの方が好きだな」という曲がたくさんありますから。

錦織　『ダイヤモンド・アイズ』を感じる郷太の受信機能が変わっちゃったという話だから、それは郷太の中で変化したんだよ。

——ダンスでもそうですよね。リアルタイムでは気付かなかったことに、今になって気付くというか。錦織さんのダンスの精度についても思うんです。80年代はテレビを観て、「バク転した！」とか「全員がバク宙できる少年隊は凄いな」とか、大半の人は派手なアクションにしか目がいかなかった。

錦織　そう見せようとしていたし、当時はそう思うよね。

——「飛んだ！」「跳ねた！」「回転した！」って、そればかりで。それを大人になって少年隊のパフォーマンスをあらためてじっくり観た時、「こっちの動きのほうが凄くない？」と気付く。それは僕だけじゃないと思うんです。当時からファンだった人、そうではなかった人も大人になって気付くことがあるだろうし、当時を知らない若い人はもっと新鮮な気持ちで少年隊のパフォーマンスに触れることができる。そうしたことが、ある意味、本当の評価だと思うんです。

錦織　そうだよね。それにその話は俺たちに限ったことでもなくてさ。

――はい。それはマイケル・ジャクソンでもプリンスでもワム！でも、筒美京平さんの作品でもそうです。でも、そのことこそがこの本のタイトルである「タイムカプセル」だと思うんです。その根幹になる話が、この『ダイヤモンド・アイズ』をめぐるものであり、その意味でもやはり大事な曲じゃないかと。そこでジャニーさんが強くこだわった、舞台で輝き続ける少年隊の歴史が始まったと思うと、深いメッセージが含まれていると思います。もちろんこの本は「錦織一清のタイムカプセル」でもあって、錦織さんがこれまで積み重ねてきたパフォーマンス――歌もダンスも芝居も演出もすべてひっくるめて、今そのタイムカプセルを開けるようにして、いろいろな話を聞いて、読者にも体験してもらっているわけですが。

錦織　うん。それは俺もそう思う。

――そのために、錦織さんから直接話を聞いているわけですから。慌てて僕が『1987年の少年隊』という本を出さなくてよかったです（笑）

錦織　もしそれが先に出ていたら、この本はなかったかもしれないよね。
——というのも、以前ワーナーミュージック・ジャパンと協力して、デビュー30周年のタイミングで少年隊のベスト・アルバムを僕がライナーノーツなどを書いて出せないだろうかという話もあったんですよ。それは実現しなかったけど、錦織さんはずっと「必ずタイミングがあるから。変に焦ってもしょうがない」と言っていて。それもまた「タイムカプセル」だなと思うんです。
錦織　やっぱりタイミングというのもあるし、機が熟すのを待たないといけない時があるんだよね。俺が2020年いっぱいで、ジャニーズ事務所を退所したということもあるし。でも、今の郷太の話を聞いていて涙出そうになっちゃったよ。単純に少年隊や俺のことを好きでいてくれるのも嬉しいけど、〝点〟だけではなくて〝線〟として、俺が歩いてきた道のりそのものを好きになってくれてるんだなと。
——それは、多くのファンも同じ思いだと思います。ただ、この十数年は演出家としてのキャリアに軸足を置いて活動されてきた錦織さんのシンガー、パフォーマーとしての魅力や歩み、功績をもっと世間に知ってほしいという一心で。
錦織　不思議なもので、俺も嘘をついたり、必要以上に大きく見せようとは思っていないけど、自分で自分のことを語ると、どうしても信憑性の部分がね。基本的にいいことばかりしか言わなくなっちゃうから。この本でも「郷太にどんどん発言してほしい」と言っているのも、そういう意味です。

――それでも僕は「錦織さんはもっと自分で発言するべき」と思っていますけどね。

錦織　うーん、慎重というのとはまた少し違うんだけど、徳川家康タイプというか「鳴かぬなら鳴くまで待とうホトトギス」だから。

――それで言えば、２０２１年からは自身のファンクラブ「Uncle Cinnamon Club」を立ち上げたり、Twitter で発言したりされているじゃないですか。そのような場所や機会を錦織さんが持ち、アクティブに発信されることに長年のファンは歓喜しているはずです。その意味で僕は、錦織さんから「待つ」ということを教わったと思っています。バンドをやっていると１００パーセント思い通りにはならないけど、こまめに「動けちゃう」じゃないですか。それでも「果報は寝て待て」ではないけど、「待つ」のが大事な場面も多いと教わりました。

錦織　その代わり「ここぞ！」という時には動かないといけないんだけどね。

――考えれば、少年隊もそうじゃないですか。デビューという「果報」が来るまで待ちに待ったじゃないですか。３人それぞれドラマやテレビに出たり、海外で曲をレコーディングしたり、デビュー前のグループとしては、当時異例の活動量でした。それは、ジャニーさんが「待った」からですよね。引き合いに出していいかはわかりませんが、例えばシブがき隊は「未完成」の魅力を世に放った。でも少年隊は、焦らずタイミングをはかりながら、デビューまで鍛えに鍛えた。その意味では、少年隊もジャニーさんのタイムカプセルのひとつだと思うんです。

錦織　さすが良いこと言うね（笑）。もちろんそれについては今となっては感謝しかないし、前に話をしたように俺自身がメリーさんにデビューを直談判したわけだけど……、正直に本当のことを言うと、俺自身はデビューしてもしなくてもよかったんだよ。誰かのバックダンサーを続けながら、振付師なんかをやりながらたまに歌わせてもらって、ショーができれば。

――ずっと、そうおっしゃっていますよね。考えられないことですが。

錦織　でも、もしレコードデビューをしていなくても、『PLAYZONE』だけはやり続けたかもしれない。そう思っているの。これは俺の中ではセパレートなのね。

――それだけ大きな仕事だったということですよね。

錦織　だから俺の年表は、「少年隊としての活動」「錦織一清としての役者や演出の仕事」そして「『PLAYZONE』の23年」と三分割になっている。実は『PLAYZONE』の前、デビュー前だけど実験的な意味で『ザ・サスケ』というタイトルのミュージカルを大阪の梅田コマ劇場でやっているのよ。それが、その後に青山劇場でミュージカルを23年もやることになるとは思っていないからさ。それは東山も植草も同じだと思う。俺たち3人に共通しているのは、デビューできなかったとしても、それに不服を感じる人間じゃないということ。ちょっと変わってるのよ、俺ら3人は。

――デビューして、テレビや雑誌を通して広く世に知られるよりも、ミュージカルを続けて、きちんと芸を極めたいと思っていたということですよね。

錦織　そう。「それをお客さんに観せたい」と思っていた。それは東山も植草も同じだったと思う。それが『PLAYZONE』なんだ。

――ああ、そうなんですね。

錦織　なんか中締めみたいな話になっちゃったね（笑）

――いやいや大切な話を聞かせていただきました。

第7章　『PLAYZONE』――夏の青山の23年

青山に劇場ができる！

――まずはどのような経緯で『PLAYZONE』が始まったのかを教えてください。

錦織　昔、ジャニーズの合宿所って原宿にあったじゃない？　その近くに劇場ができると聞いて、一番喜んだのがジャニーさんだった。「凄い劇場ができる」って。この頃はまだ渋谷のシアターコクーンも、池袋の東京芸術劇場もない。それなりの規模の劇場といえば、日比谷界隈に集中していた頃だったから。

――宝塚劇場がありますからね。

錦織　帝国劇場も、日生劇場もそう。だから、青山劇場の完成をジャニーさんは本当に喜んでいたし、実際センセーショナルでもあったんだよ。

――より若者たちが集いやすい、自分にとっても馴染みのあるエリアにできるという。

錦織　何より装置が凄い。8枚、8枚、8枚が並んでいる24枚のセリから成り立っていて、それがいかようにも変形する舞台というのが画期的でさ。フライングもできるし、照明も完璧で、当時「東洋一」と呼ばれていたぐらいだからジャニーさんが「あそこでやったらセットは要らないんだよ」って言うの。「大きな階段にもなるし」って。

――大喜びだったと。

錦織　こけら落としが劇団四季の『ドリーミング』って、「青い鳥」の話。それが1985年の11月。俺らもジャニーさんと一緒に観に行ってる。

――デビュー直前ですね。

錦織　スケジュール的に考えて、その時点でもう翌年の夏は俺らがやるのは決まっていたと思う。

――すでに押さえていたんですね。

錦織　じゃなきゃ観に行かないでしょう。ロケハンみたいな感覚だから。ただ、その時点ではまだプレゾン（註：『PLAYZONE』のこと）のことは聞かされてなくて、もう少し後かな。

——ジャニーさんの中ではすでに「ここで少年隊の舞台をやるぞ」というのは早い段階で思い描いていたんでしょうね。一方で、その頃の少年隊はデビューから半年が過ぎた時で、殺人的に忙しいわけでしょう。

錦織　そう。でも「『仮面舞踏会』でYOUたちデビューするよ」というのは、俺たちの中で、それほどファンファーレとして大きく鳴り響いたわけじゃなかった。どちらかというと、「来年の夏、青山劇場でミュージカルやるよ」という方が、ファンファーレとして高らかに鳴り響いたんだよ。俺らにとっても、ジャニーさんにとってもね。

——レコードデビューよりも大きなことだったんですね。

錦織　当人たちの中では、レコードデビューは最終目標ではなくて、通過点に過ぎなかった。もっと言えば「始発駅」でもなかったのよ。

——そこに青山劇場が突如登場した。

錦織　最初の舞台に向けて準備をするわけだけど、テレビで持ち歌をパフォーマンスするよりも明らかに大変で、とにかくやることがいっぱいある。芝居もしないといけないし、歌わないといけない、踊らないといけない。「ああ、これがショーをつくるということなんだ」とその大変さは一発でわかったよね。いきなり30公演あったし。

――記念すべき第1回は1986年7月5日。タイトルは『PLAYZONE'86 MYSTERY』。

錦織　ただ、その内容については決して納得のいくものではなかったけど、「ミュージカルスターになりたいと願う3人の若者が、憧れのニューヨークへ」というようなありがちと言えばありがちな話なの。ジャニーさんも「こうなっちゃうんだよなあ」って、ガックリきていたのを覚えている。

――満足のいく出来上がりではなかったということですか？　最初ですもんね。

錦織　その中の一番の見せ場が、セリを動かしながらパフォーマンスをする発売直後の『ダイヤモンド・アイズ』と『レイニー・エクスプレス』。

――マイケル・ピータースの振付で。

錦織　あと、名倉加代子先生ね。全体を統括的に見てくれたのが名倉先生。名倉ダンシングチームのみんなも大勢出てくれて。バック全員が名倉ダンシングチームだったから。チームごと貸してくれたの。その意味では贅沢な舞台だった。バックダンサーのみなさんは、俺たちよりも遥かにスキルがあるし、すばらしいダンサーの人たちばかりで。俺たちが「よろしくお願いします」と言って頭を下げてさ。それで出てくれていた人たちなんで、やっぱり凄いわけよ。そういう人たちに支えられてやったんだよね。

――少年隊の力だけではできなかったと。

錦織　もちろん。随分と盛り上げてもらった。舞台稽古だって初めてなわけだから、その段取りもわからないし、全然慣れてないわけよ。「大丈夫だから」と助けてもらって、本当に感謝しています。かけがえのない経験をさせてもらった。

――それまでのジャニーズには、そういうミュージカルはあったのですか？

錦織　それこそ初代ジャニーズが、石原慎太郎さんの脚本で『焔のカーブ』（１９６５年）というのをやってる。ただ、時代が早過ぎたと思う。古い映像を見ると、初代ジャニーズは歌も踊りもちゃんとしているわけ。ジャニーさんは俺らにも相当厳しかったけど「この人たちの頃の若かりしジャニーさんって、もっと厳しかったんだろうな」なんて思ったり。

いつも俺たちは夢をもらっていた

――待望のミュージカルじゃないですか。デビュー前に梅田のコマ劇場で『ザ・サスケ』はあったものの、置かれた環境も状況も違うわけですよね。それにそこから23年も続くと思いましたか？

錦織　思わないよ。前にラジオでも言ったけど、夏休みというのはアーティストにとっては一番大切な時期で、全国ツアーをしたり、いわば収穫の時期じゃない。それこそデビュー前は北海道から九州まで全国ツアーをしたり、いろいろなことをしていたけど、いざデビューしたら、それをプツッと切ってしまって、青山劇場一本に絞ったんだから。それも夏休みの1か月にわたってね。

——自分たちが全国を回るのではなく、お客さんにわざわざ東京の青山まで来てもらうということですからね。

錦織　そうなんだよね。別にこれはファンに媚びてるわけでもなく、おべっか言うわけでもないんだけど、23年も夏休みという大切な時期にこっちから出張っていかなきゃいけないところを、わざわざ来てもらったということに対して、本当にありがたいというかすばらしいことだったとつくづく感じている。

——それは本当にそうですね。

錦織　だから、2008年のラストに「僕らみたいな仕事というのは、お客さんに夢を売る商売だってよく言われているんですけど、実は僕の方がこの23年、皆様から夢をいただいていました」と言わせてもらったのよ。

——錦織さんは35周年記念のベストアルバムでも、同じような表現をされていましたよね。

錦織　俺はいつも夢をもらっていた。それは間違いない。「芸能人というのはファンに夢を与えるものだ」ってよく言うじゃない？　与えてんじゃないんだよ。千秋楽の幕が閉じるまで、みんなが拍手してくれて、緞帳が下りるまでの間というのは、舞台の上に立っている方が夢をもらってるのね。そういうことにハマっていくと、この仕事はやめられなくなる。「芸能界は3日やったらやめられない」というのは、そんな安い言葉じゃなくて、「それを知った人間はやめられなくなる」ということなの。それの虜に、中毒になるの。

――〝中毒〟に。

錦織　たかだか「セリフをしゃべった」「踊った」「歌った」というだけですよ。なのに、最後にみんなの喝采を浴びてしまう。お客さんには申し訳ないけど、俺は夢をもらってた。夢を与えてもらえる仕事なんですよ。しかもね、お客さんはお金を払って観に来てくれてるんですよ。つまり、こっちが「夢の世界」なんだよ。初日に本番を終えた瞬間と、千秋楽に幕が下りる時というのは、申し訳ないけど、お客さんよりも俺たちが感動できる瞬間なんだよね。

だから、俺が30歳を過ぎて舞台の仕事を中心にしたのは、これがまた甘ったれてるのかもしんないけど、「お客さんに夢をもらえるんだ」ということに味をしめちゃったからなんだよね。だから偉そうに「お客さんに夢を与えているんだよ。こっちは夢を売る商売だよ。お客さんを喜ばす商売をしてんだよ」なんて言いたくない。俺たちが喜ばせてもらってるんですよ。喜びをもらえるんだよ。お客さんからやりがいをもらえる仕事なんだよ、俺らの仕事というのは。

――『PLAYZONE』の23年がギッシリと詰まったような言葉ですね。

錦織　だって、21歳から始めたことで、最後は40歳を超えているわけだから。夏休みという一番いい時期に若者の聖地で、とっくに俺たちも若者じゃなくなっているのに……。後輩たちもいっぱいその間にデビューしていたにもかかわらずね。

――その23年にわたる『PLAYZONE』も限定発売でしたが、35周年を記念してDVD化されましたよね。その意味では、これもまたタイムカプセルですよ。

錦織　それについて俺は本当に感謝を言葉にできない。感謝なんて一発で済むようなことじゃないから。少しでも恩返しをするためには、これからも面白い舞台をきちんと作って、もっともっと楽しんでもらわないといけないと思っている。

――本格的なミュージカルを手掛けるというのは、ジャニーさんにとっても夢だったわけですよね。

錦織　うん。一番やりたかったのはミュージカルだからね。だからジャニーさんにとっても『PLAYZONE』はひとつの到達点だったんじゃない。俺たちを使って夢を具現化させたんだから。その意味で『PLAYZONE』はジャニーさんのプロパガンダとも言えると思う。悪い意味じゃなくて、そこにメッセージが込められているという意味でね。

——その後にジャニーさんは「ジャニーズ・ワールド」や「ジャニーズ・アイランド」といったミュージカルのシリーズを作り上げていきますが。

錦織　その原点は間違いなく『PLAYZONE』だと思うよ。

ジャニーズの一番のアンチはジャニーさん

——これまでもそうでしたけど、どんな話をしていてもやっぱりジャニーさんの話になってしまいますね。

錦織　それはしょうがないよね。それだけ密に関わっていたわけだから。

——それで言うと、先ほども話をしたサード・シングル『ダイヤモンド・アイズ』もそうですが、もしかしたら1986年の時点では、『レイニー・エクスプレス』を推したメリーさんの感覚の方が正しいかもしれないと思うんです。女性的な視点や感受性のひとつとして。

錦織　そうかもしれない。もちろん『レイニー・エクスプレス』が良い曲というのは、ジャニーさんもよくわかっているのよ。他のプロダクションの新人にしてみたら、喉から手が出るぐらいほしい楽曲だから。宮下智さんの作詞・作曲だし。

——当時としてはメリーさんが正解だったかもしれない。その意味では、「アップ・トゥ・デート」というか時代に即していて、タイムカプセルという言葉の反対。

錦織　そう。でも、ジャニーさんが仕掛けたタイムカプセルは、40年近く経って突如として弾けたわけだ。

——植草さんも以前『ダイヤモンド・アイズ』は、踊りと歌が一番マッチしたんじゃないの?」とおっしゃっていましたね。

錦織　長沢ヒロさんというベーシストが作った曲だけど、ジャニーさんが凄いのは、3曲目にして筒美京平先生を一回休ませたこと。結果的に、宮下智さんの曲もA面にしなかった。

——楽曲制作者のネームバリューでいったら『ダイヤモンド・アイズ』は強くないですものね。「筒美京平三連打」とか「宮下智を起用」としたほうが、明らかに安定感が増す。京平さんだって、少年隊には何度も何度もやり直し、再トライさせられていたにもかかわらず。

錦織　そこはジャニーさんが俺たちを信用してくれたんだろうね。ショーの感じを見ていて、「少年隊は『ダイヤモンド・アイズ』で何か見せるはずだ」とジャニーさんが思ってくれていたという、その信頼というか。

——だから「ジャニー喜多川のタイムカプセル」にとっても、「錦織一清のタイムカプセル」にとっても１９８６年というのは特別に重要な年になりますね。

錦織　意外に思うかもしれないけど、ジャニーさんは「女の子に『キャーキャー！』言われてどうするの？」というタイプの人だから。やることが違うんだよ。俺たちによく言ったのが「『キャーキャー！』は一過性なんだ」って。それよりは「しっかり拍手をもらえるアーティストになりなさい。そうじゃなきゃ駄目よ」と口を酸っぱくして言っていたから。

——「ファンの歓声を取りにいくな」というのは意外ですね。特にそれまでのジャニーズのタレントのあり方を考えると。

錦織　皮肉も皮肉だよ。ジャニーさんの中には、ジャニーズ事務所に対してのアンチテーゼが常にあるのよ。ジャニーズ事務所の一番のアンチは、実はジャニーさん自身だから。

——へー！　確かに１９８６年の少年隊というのは、みんなまだ20歳前後だったけど、グループ名の割にはみんな大人でしたよね。一般的な人気は、デビュー後数年、10代の頃が絶頂でというのが当然の時代でしたもんね。

錦織　ジャニーさんは意地でも少年隊をたのきんトリオと真逆にしたかったの。

——なるほど。

錦織　「大人のエンターテイナーになりなさい」ということだよね。だからね、俺はメリーさんには人としての躾全般を教わった。そしてジャニーさんには、いわゆる「ショー事」を教わったの。「芸事」じゃなくて「ショー事」。

——いい言葉ですね。「芸事」じゃなくて「ショー事」。

錦織　そう。「ショー事」。それが今の若い子たちにどう伝わっているかはわからないけど、20歳前後の俺たちが大人っぽく見えたのは事実だと思う。

——それはボーカル・スタイルにも表れていますよね。山口百恵さんの時代があって、松田聖子さんが登場して……という女性アイドルにおけるボーカル・スタイルの変化があったように、ジャニーズにもそれまでの田原さん、近藤さん、シブがき隊というスタイルがあって。厳密に言えば、植草さんのボーカルはこのラインにあるとは思うのですが、『仮面舞踏会』以降は、全然違うスタイルになっている。

錦織　もちろん楽曲の問題もあるけど、デビュー後はボーカルを含めて根底をガラッと変えたんだよね。

——その意味でデビュー前に歌っていた『サクセス・ストリート』のボーカル・スタイルは、昔のジャニーズ路線なんですよ。

錦織　その通り。『サクセス・ストリート』はデビュー直前だったけど、イントロはいかにもデッド・オア・アライヴだね。当時はこういうサウンドが流行ったんだよ。フランキー・ゴーズ・トゥ・ハリウッドだったりとか。それを筒美先生が取り入れて。

――シンセサイザーのサウンドが絶頂の頃ですよね。

錦織　おそらく筒美先生は、この曲を俺たちのデビュー曲のつもりで書いてくれたと思うのね。ジャニーさんが「先生、少年隊のデビュー曲を書いて」と『仮面舞踏会』を頼んだ時に、筒美先生は「えっ、あれじゃないの？」って言ったんだから（笑）

――揺るぎないキャリアを誇る、日本一のヒットメーカーですからね。それはビックリしますよ（笑）

錦織　でも筒美先生は、ジャニーさんはじめみんなに優しい人だから「わかった」と、あらためて『仮面舞踏会』を書いてくれたんだよね。

――たしかにすでに「夜のヒットスタジオ」で『サクセス・ストリート』を自分たちの曲として歌っていたわけだから、みんなそれがデビュー曲だと思いますよね。

錦織　常識的に考えればそうなんだけどさ。

――でも結果的にデビュー曲が『サクセス・ストリート』じゃなくてよかったと言えるんじゃないでしょうか。それこそ「アップ・トゥ・デート」な、当時の空気感に満ちた曲ですよね。『仮面舞踏会』の方が、なんだか訳のわからないコクのようなもの、濁りがあるというか、当時の感覚のみでは消費され尽くされない、今も謎に溢れた妖気のような要素があると思う。

ジャニーさんのＦ１マシン

錦織　やっぱり郷太を含めて、子供の時から俺たちのことが好きと言ってくれる人は、どこかで「キャーキャー！」だけを目指したわけではない姿を感じてくれていたのかもしれないね。その点では、俺たちも日和《ひよ》らなかったというのもあるんじゃないかな。

――時代的にも「洋楽文化」の絶頂期でしたからね。僕は特にマイケルやプリンスも大好きでしたから、同じ感覚で響いていたし、ジャニーズの中でも少年隊は別格でした。

錦織　ジャニーさんが「少年隊は別格」と言ったと、井ノ原（快彦）とか後輩たちが聞いたって。それはジャニーさんが少年隊から少し離れ始めてからのことだよね。それまで事務所にはタレントもそう多くなかったし、マネージャーもぼちぼち。そんな時代だったから。

――今では考えられませんけど。

錦織　俺らがデビューしてしばらくしてから、マネージャー採用の面接で「うちの事務所にいるタレントの誰をマネジメントしたい？」と訊いたら「少年隊を担当したい」という

やつがいたんだって。そうしたら面接官がざわついちゃって、一時中断になるぐらいだったという（笑）

――え？（笑）

錦織　それだけその時期の少年隊というのは、ジャニーさん一人が掛かり切りだったという時代。大げさに言えばサンクチュアリだったのよ。

――聖域。

錦織　それを知らずに「少年隊をやりたい」と言って、その場がざわついたらしい。みんな「腫れ物」に触りたがらなかったのかもしれないけど（笑）。結局、そいつは採用されて、後に俺たちのマネージャーにもなるんだけど、その時に面接のエピソードを聞いたの。

――やっぱり歴史的に見ても、偉大なアーティストには、ちゃんと裏で支える敏腕マネージャーがいるんですよね。

錦織　ビートルズだって、ブライアン・エプスタインの功績が大きかったわけじゃん。俺はジャニーさんのことを「日本のブライアン・エプスタイン」と思っている。『PLAYZONE』のラストでも「あのとき、たった一人ブライアン・エプスタインがいた」とも言ったけど。

――ジョージ・マイケルがナンバーワンを獲って、ワム！を辞めたいとマネージャーのサイモン（・ネピアベル）に伝えたら、サイモンは「世界で一番速く走れるＦ１マシンを手に入れたのに、一回ぐらいレース場で走らないともったいないじゃん」って言ったんですよ。

錦織　へー、面白い。

――ジョージ・マイケルからしたら、もうワム！でいることは辛いことでしかなくて。ワム！はアイドル的存在として売り出されちゃったけど、ジョージ・マイケルは自分で曲をつくるアーティストだという意識があって、でも、他のアーティストにはアイドルだとバカにされる。それを拭い去るためには、ワム！を辞めるしかなかった。「最高の速さで走れる車」という意味では、少年隊もジャニーさんにとってはＦ１マシンのような存在だったのかもしれない。

錦織　しかも、それをジャニーさんが自分で作ったからね。メカニックでもある。だから凄いんだよ。

――Ｆ１マシンをドライバーとして乗りこなせる人もなかなかいないですけどね。

フェードアウトでは締まらない

――さて時計の針を進めましょう。『ＰＬＡＹＺＯＮＥ』初公演を終えた直後の１９８

6年9月に、ファースト・アルバム『翔 SHONENTAI』がリリースされます。全10曲入りですが、それまで発売となった3曲のシングルは収録されていません。

錦織　これも敏腕マネージャーであるジャニーさんの戦略じゃない（笑）。アルバムに収録すると、シングルが売れなくなるからとか。

――当然、『仮面舞踏会』も『デカメロン伝説』も入っていると思いきや。

錦織　「アルバムはアルバム」という考えだったんだろうね。収録曲のシングル・カットもしていないから。

――先ほど話をした『サクセス・ストリート』も収録されていますし、筒美京平さんは10曲中6曲提供しています。アルバムがリリースされた時は、どういう気持ちでした？デビュー後の多忙な時期にレコーディングをしていたと思うのですが。

錦織　ずっと仕事の合間を縫ってレコーディングしていたからね。この時も真夜中にスタジオに残って……。

――いつものように「錦織だけ残れ」と言われて（笑）

錦織　そんな感じだね。

――『ルールー歯が痛いー』という錦織さんソロの曲もあります。作詞は秋元康さんで、作曲は筒美さん。ちょっとロック調というかギターポップのような感じもありますね。

錦織　ワンコードの複雑な曲なんだよね。
――あの頃、京平さんはデュラン・デュランやカジャグーグーのようなUKのニューウェーブ的なバンドにも興味を持たれていたはずなので。
錦織　バンド色が強い曲でもあるんだよ。
――ある意味でTOM☆CAT的なムードもありますね。
錦織　そうだね。あまり歌う機会もなかったけど、ライブでは何回かやってる。
――初めてのソロ曲には思い入れはなかったんですか？　「100パーセント自分の思い通りにしてやろう」とか。
錦織　いや。これについては「歌え」と言われて歌っただけ。テレビ収録が終わった後の真夜中に言われたのは覚えている。
――少年隊として大事な曲は、アルバムのトリを飾る『星屑のスパンコール』ですよね。少年隊のみならず、「ジャニーズ・クラシック」と呼べる永遠のマスターピース。最後の『PLAYZONE』でラストに歌ったのもこの曲です。前に錦織さんが、「あれはショーの締まりに映えるし、フィナーレ感がある」と言っていて、その通りの曲ですよね。
錦織　それがデビューアルバムにすでにあったというのは凄いよね。
――1曲目は『ZERO』という曲ですが、もともとは違う曲が収録される予定だったとか？

錦織　そう。本当は秋元さん作詞の『ハンムラビ法典』という曲だったの。それが曲は同じで歌詞だけ差し替えて『ＺＥＲＯ』になった。本当は「♪ハー、ハンムラビ」って曲だったの。

――（笑）。「目には目を。歯には歯を」で有名なハンムラビ法典ですか？

錦織　そうそう。『デカメロン伝説』はボッカチオで、その二匹目の泥鰌《どじょう》を狙ったんだろうけど、ジャニーさんが「嫌だ」と言って『ＺＥＲＯ』に差し替えた。

――『ＺＥＲＯ』の作詞は麻生圭子さん。

錦織　このときボツになった曲もたくさんあるよ。

――たくさんある中から選びに選んだんですね。

錦織　ジャニーさんも面白いの。「嫌だ嫌だ。これも違う、あれも違う」なんてバッサリ捨てちゃうくせに、「とはいえさあ、ＹＯＵたちのこの曲って、普通のタレントだったら、みんなシングルで欲しいところだよ」って平気で言うんだから（笑）

――ハハハ。でも、それはそうですよね。さらにシングルを別に作っているわけで。

錦織　本当にそう。ジャニーさんは好き嫌いのハッキリしている人ではあるんだけど、好みに特徴というか傾向がいくつかある。俺が知っている限り、フェードアウトで終わる曲は嫌い。

——それは最後が締まらないということですか？

錦織　そう。最後に「ドン！」って終わらないと使えないじゃない？　テレビではフェードアウトで終わるわけにはいかないから。

——それはめちゃくちゃ大事なポイントですね。むしろ今は、フェードアウトはトレンドではないです。

錦織　海外の曲には、フェードアウトの曲が多かったじゃない。俺もフェードアウトに憧れた時期があったんだけど、ジャニーさんに言わせると「ショーで使えない」となるのね。「ありえないでしょう。わざわざエンディングをアレンジし直さなきゃいけないのよ」って。

——なるほど。確かに歌い手、踊り手、当時の歌番組の生演奏チームからすれば、バシッと終わった方が。

錦織　俺は洋楽にかぶれてたから、本音ではフェードアウトがよかったんだけど、ジャニーさんの中でそれはありえない選択。

——ジャニーさんは曲を提供してくれる先生方にも、そのことを徹底して伝えていた可能性はあるんでしょうか。

錦織　あっただろうね。『仮面舞踏会』のところでも言ったけど、ジャニーさんが好きなのは、イントロと間奏とコーダ。前奏、間奏、後奏。歌ってないところは踊らなくちゃいけないから。

光GENJIに『バラードのように眠れ』は歌えない

――1986年の9月には虫垂炎で入院されましたね。

錦織　忘れもしないよ。音楽祭と重なってさ。新人賞でノミネートされてるわけよ。病室でテレビを見ていて、「次のエントリーは……少年隊です！」と呼ばれると、二人が出て来る。

――パフォーマンスも二人で？

錦織　やってた。まあでも、不幸中の幸いとしては、舞台とかぶらなくてよかった。

――入院してたのは広尾病院でした？

錦織　日比谷病院。当時のジャニーズは何かあったら日比谷病院なの。予防接種も何も。でも、「2時間遅れてたら危なかった」と言われたくらいやばかったらしい。盲腸が破裂寸前で、背中に回っちゃってたらしいから。

――病室の名札を「矢沢永太郎」としていたとか。余計目立つと思うんですけど（笑）

錦織　やってたかも（笑）。事務所がそうやって防御してたんだね。ホテルに泊まる時も絶対に実名じゃなかったもん。

――そして11月28日には４枚目のシングル『バラードのように眠れ』をリリースされます。作詞は、これが初めてとなる松本隆さんです。

錦織　そうなるね。

――僕個人のことを言うと、１９８６年は中学1年生で、母方の伯母がヨーロッパにいた関係で、この年の夏休みに僕はひと月ほどイギリス、フランス、スイスにいたんです。

錦織　そうだったんだ。

――当時はビートルズに夢中になっていたから、リバプールやロンドンのアビイ・ロード・スタジオといった縁のある場所を訪れました。ちょうど少年隊が『ＰＬＡＹＺＯＮＥ』をスタートさせた頃ですね。そもそも僕が住んでいたのは京都だったから、「少年隊が青山劇場で１か月公演を始める」ということすら、遠い向こうの文化という感じで。

錦織　当時はそうだったろうね。

――何となくテレビ文化全体から離れていたこともあり、あらためて、やっぱりこれはとんでもないと思ったのが、翌年１９８７年のシングル三連打です。１９８７年3月に発売された5枚目のシングル『stripe blue』、6月発売の『君だけに』、11月発売の『ＡＢＣ』の直撃を受けました。同年8月には光ＧＥＮＪＩもデビューしていることもあり、対比的に少年隊はアダルトな魅力を爆発させてゆく。

錦織　なるほど。

――少年隊以降は、SMAPにしてもV6にしても、30、40歳を過ぎてもパフォーマーとして活躍する後輩が続出しましたよね。10代で完全燃焼するわけではなく、息の長いタレントが増えたわけじゃないですか。

錦織　結果そうなったよね。

――1986年11月にリリースされた、4枚目のシングル『バラードのように眠れ』は、その文脈においても大事な曲だと思うんです。松本隆・筒美京平コンビの「最高傑作」とまでは思いませんが、「4枚目で、もうこんな大人の路線を行くの？」と驚くような曲調じゃないですか。アイドルという認識を早々に覆すというか。

錦織　そのジレンマは実際にあったんだよ。だって、俺はデビューの時点で20歳を過ぎてたんだから。「それで少年隊なの？」と言われたこともあるし。

――一言で言うと、光GENJIには『バラードのように眠れ』は歌えない。光GENJIのデビューから1年間の活躍は本当に奇跡というか、これもある意味でジャニーさんイズムというか、チャゲ&飛鳥のソングライティングも相まって「ローラースケートというドーピングを使った、天才の狂気」というか。

錦織　ドーピング（笑）

――ビートルズで言うと『サージェント・ペパーズ・ロンリー・ハーツ・クラブ・バンド』みたいな……。『サージェント・ペパーズ』はそれまでのギターとベースとドラムというシンプルなバンドサウンドといった構成ではなくて、いろいろな効果音を入れたり、録音の現場で逆回転を試したり、飛び道具的要素が多分にある。もちろんその前に『ラバー・ソウル』とか『リボルバー』とか革新的なアルバムはあったけど、コンセプトアルバムという意味ではそれまでと意味合いが違うわけです。でもビートルズだって、その後は『サージェント・ペパーズ』のようなアルバムを続けて作ったわけじゃなくて、『ホワイト・アルバム』『アビイ・ロード』『レット・イット・ビー』と、むしろシンプルなバンドサウンドに回帰していくようになったじゃないですか。

錦織　そうそう。最後はシンプルになっていったよね。

――ジャニーズの歴史とビートルズのアルバムを比較すると、光ＧＥＮＪＩは『サージェント・ペパーズ』だと僕は思っているんです。両者は奇跡的な「飛び道具」というか。でも、彼らの座組では年を重ねて『バラードのように眠れ』のような王道の曲は歌えない。良し悪しではなくて。

錦織　それはそうだろうね。

――だから、『バラードのように眠れ』も「ジャニー喜多川のタイムカプセル」なんだと思います。少年隊が持っていたポテンシャルを一気に『バラードのように眠れ』まで広げてしまったという、その千里眼に感服しちゃうんです。それがあったから、その先の『君だけに』や『じれったいね』『まいったネ 今夜』にまでつながって、少年隊の〝陣地〟を結果的に広げたことにもなるじゃないですか。

少年隊に『ハッとして！Good』は歌えない

錦織　それは面白い意見だね。俺はね、郷太、そもそも『仮面舞踏会』というデビュー曲からして大人っぽいと思っているんだよ。だから今歌っても全然おかしくない。だって『仮面舞踏会』というもの自体が、大人の社交場で生まれたもので、淫靡なイメージがあるものじゃない。それを20歳のデビュー曲で歌っているんだから、それは早々に『バラードのように眠れ』に行き着いたっておかしくないの。

――今の錦織さんが歌っても全然おかしくないですよね。

錦織　おかしくないんだよ。

――それをジャニーさんがどこまで狙ったのかはわからないけど……。アイドルがよくデビューの時に歌う「僕たちをよろしくお願いします」という挨拶代わりの曲じゃないんですよね。光ＧＥＮＪＩの『ＳＴＡＲ ＬＩＧＨＴ』や『パラダイス銀河』は、間違いなく「時代の真芯」を捉えていた曲だけど。

錦織　そう。そういう芯は食っていない。だからね、俺たちの曲の中に『ハッとして！Ｇｏｏｄ』みたいな曲はないんだよ。『哀愁でいと』はあるかもしれないし、『抱きしめてＴＯＮＩＧＨＴ』もあるかもしれない。でも『ハッとして！Ｇｏｏｄ』はない。郷ひろみさんの『男の子女の子』も絶対にないのよ。

――それはやはりデビュー当時から、演者として成熟していたことも関係あるんでしょうね。難しいところですが、「時代の芯を食いすぎるのはあまりよくない」とも思うんです。光ＧＥＮＪＩで言えば、７枚目のシングルに『太陽がいっぱい』という曲がありますが、いい曲だとは思うけど、大江千里さんが10代の男の子にぴったりのイメージで書いている。

錦織　「ジャニーズ事務所の一番のアンチは、ジャニーさん自身」と前に言ったでしょ。それもそういうことなの。ジャニーさん自身が常に時代に逆らってるのよ。俺たち「少年隊」というグループを使って、時代に逆らう。だから俺たちには絶対『ＮＩＮＪＩＮ娘』は歌わせない。毎回カウンターを当てると、そういう気持ちがあったんじゃないかな。どちらもジャニーさんの好きなことでもあるんだけどね。

――シブがき隊の『NAI・NAI 16』もそうですよね。いかにもあの当時の男性アイドルソングというか。「♪NAI-NAI-NAI　恋じゃNAI」ですからね。恐ろしいほどキャッチーです。

錦織　わかるよ。狙ってできることでもないからね。その意味では郷太の言うように、1986年、87年で大きく少年隊の方向性が決まってしまった面はあると思う。事務所の方向性も含めてね。だから郷太、「物語は時のペン先が綴るのさ」だよ（笑）

――さすがです（笑）

第8章　1987年の少年隊

ジャニーズ初の元日コンサート

——いよいよ「1987年の少年隊」の話に入っていきたいと思いますが、その前年の1986年の年末は、記録を辿るだけでも凄いですね。「日本有線大賞」「FNS歌謡祭」「年忘れにっぽんの歌」「輝く！日本レコード大賞」と、歌謡特番に軒並み出演されています。1986年の師走は相当忙しかったのではないですか？

錦織　この年に『CHA-CHA-CHA』でデビューした石井明美さんと、本当にしょっちゅう一緒にいた感じがする。あの頃は地方のテレビ局ごとに音楽賞があって、「有線大賞」は大阪の読売テレビとか。終わった後に藤本義一さん司会の「11PM」にも出た記憶がある。

――NHKの「紅白歌合戦」にも少年隊として初出場されています。司会の加山雄三さんが曲名を「仮面ライダー！」と言い間違える有名なシーンもありました。

錦織　あったね（笑）。でも紅白だからといって、あまり感動しなかった。以前もマッチのバックダンサーとして出演しているから、あまり新鮮味がなかったのかもしれない。

――そして、いよいよ1987年を迎えます。元日にはいきなり初の武道館コンサート。

錦織　紅白が終わり、軽く打ち上げがあって、2時間ぐらいは寝たのかな。朝5時に武道館に行って場当たりをやって、それから朝イチの正月番組とかに出ないといけない。紋付袴を着て、『仮面舞踏会』とかを歌った記憶がある。それで武道館に戻って、コンサートの本番（笑）

――ひえー。

錦織　それも2回公演だから（笑）

――昼夜公演ですか？

錦織　そう。昼夜2回の武道館コンサートが終わった時、ジャニーさんに言ったのを覚えている。「ジャニーさん、俺ね、自分の体力にびっくりするよ」って。そうしたらジャニ

ーさんが「僕もそう思うよ」って（笑）

――これが「少年隊、黄金の１９８７年」に入る幕開けですからね。しかもジャニーズ初の元日武道館コンサート。後に恒例となるジャニーズの「カウントダウンライブ」の先駆けになるような公演です。

錦織　これは伝えておきたいと思うのが、元日コンサートやカウントダウンライブができるというのは、タレントにとって大変名誉なこと。俺たちは表に出てお客さんの喝采を浴びれば疲れも吹っ飛ぶけど、それを支えてくれるスタッフのことを忘れてはいけないんだよ。だって、世間はとっくに仕事を納めて、正月休みの時期なわけでしょう。俺たちのスタッフにしても、紅白や正月特番が終われば休みなわけで。それなのに大晦日から元日にかけて、ぶっ続けにステージがある。休めないのはスタッフも一緒。そのことに感謝しないと。

――しかも元日にコンサートをするという前例もなかったわけで。

錦織　そうそう。武道館のコンサートでは、レコード大賞の舞台を少しだけ変えて使わせてもらったの。板場はそのまま残してもらってさ。ＴＢＳとしては、俺らの武道館コンサートが終わるまでは、ばらしもできない。今ではジャニーズでも年越し、年明けのライブは当たり前になったようだけど、当時は初めてだったわけだから。多くのスタッフに支えてもらったことに、今は感謝というか、「いろいろやってもらっちゃったなあ」と幸せを感じている。

――みなさんも家族がいる中で。

錦織　普通はないでしょう。同時に責任も感じてるのよ。それが恒例になっちゃったから、みんな休めなくなったでしょう。滝沢（秀明）の帝劇での公演なんかも当然のように元日からやってる。ジャニーさんも「元日からやろうよ」と、少年隊で味をしめちゃったわけだから。

――変えたのは演者側だけではないですよね。お客さんにしても、家族団欒の時期に「ジャニーズの公演に行く」となったわけだから。娘さんたちのお父さんやお母さんからしたら「わざわざ正月に行くんかい！」と思うこともあっただろうと。

錦織　大いにあるよ。家族と初詣にも行かず、おせちも食べず、コンサートなんだから。

――少年隊が日本の正月を変えちゃったんですね。特にティーンエージャーの正月を。

錦織　その責任は感じているよね。同時にスタッフも家族と過ごす時間を犠牲にしただろうし、その人たちがいなければできなかったこと。「よくやってもらったなあ」と、そのありがたみが今になって身に染みているよ。

黄金の１９８７年

——１９８７年の少年隊の活動をざっと挙げていきます。２月にはハワイでＣＭやビデオの撮影やレコーディング、３月には5枚目のシングル『stripe blue』をリリース。４月にはビデオ『PRIVATE LIFE Light&Shadow』と同名のアルバムをリリース。５月にはミュージカルの勉強でイギリスに渡っています。

錦織　この時期に植草がダイエットをして痩せたんだよね。たしか12キロぐらい落としたんじゃないかな。

——そんなにですか⁉　６月には６枚目のシングル『君だけに』をリリース。７月には2年目の『ＰＬＡＹＺＯＮＥ』公演となるミュージカル『ＴＩＭＥ・19』の幕が開き、同名のアルバムもリリース。８月には主演映画『19　ナインティーン』が公開。９月には童謡のカバーアルバム『Magical 童謡 Tour』リリース。……これがマイケルの新作アルバム『バッド』と1位を争う、なんて凄いですね。

錦織　映画『19　ナインティーン』の撮影の後に、単発のドラマの主演もやったんだよ。昔のフジテレビには『月曜ドラマランド』という1時間半の枠があって、そこで初めてドラマの主演をした。

――それが9月放送の「原宿初恋探偵社」ですね。

錦織　そう。制作は、カノックスという演出家の久世光彦さんが設立した会社。久世さんの「時間ですよ」が好きで、それを公言していたらスタッフに届いて、「じゃあ、やろう」と。

――それで実現したんですね。

錦織　ちなみに、この年の11月にスタートしたテレビ朝日のドラマ「風呂上がりの夜空に」も制作はカノックス。小林じんこさんのマンガをドラマ化したんだけど、これが俺の連続ドラマ初主演です。

――大好きなんですよ、「風呂上がりの夜空に」！　11月には7枚目の『ＡＢＣ』と、ＴＢＳのアニメ「レディレディ!!」の主題歌『ＬＡＤＹ』を8枚目のシングルとしてリリースしています。

錦織　働いてるねえ（笑）

――まとめると、１９８７年には少年隊としてアルバムを3枚、シングルを4曲リリースし、ミュージカル公演や映画主演があり、ハワイやイギリスにも行った。錦織さん個人としてはドラマ初主演もあった。テレビ出演なども含めたら、一体どれだけ働いていたのか気が遠くなります。まさに黄金の１９８７年。

錦織　まだ20代前半だったから、体力があったんだろうね。

奇跡のシングル三連打

——中でも僕が注目したいのが、『stripe blue』『君だけに』『ＡＢＣ』のシングル三連打です。前にも言ったように、なぜそこまで僕がこの3曲を評価するかというと、理由はいくつかあるのですが、まずは何より純粋なるシングル「楽曲」として楽しめるから。

錦織　「曲だけでも楽しめる」みたいなことかな？

——そうです。例えば『ダイヤモンド・アイズ』は「『ＰＬＡＹＺＯＮＥ』ありき」というか、「少年隊が歌って踊るパフォーマンスとセットになっている曲」といった感じがするんです。でも、このシングル3曲に関しては、もちろんダンスも素晴らしいんですが、普通に音楽のみでも楽しめる。楽曲としての力が、アレンジも含めて、パーフェクトな瞬間だった気がします。

錦織　確かにこの3曲、というか、１９８７年は「踊りより歌」だったかもしれない。

——その背景として無視できないと思うのは、当時の世相です。この時期、アイドルのあり方に変化が生じたのではないかと思っていて。１９８６年の4月にチェルノブイリ原発の爆発事故がありましたが、その頃を境にして、「アイドルが劣勢になってくる」のではないかと。

錦織　まあ、その時期に限らずなんだろうけど、ステレオタイプのアイドルが次第に淘汰され始めた時期だからね。

――同時に「バンドブーム」と後に呼ばれる動きが加速します。BOØWYも1986年11月に『BEAT EMOTION』、1987年9月に『PSYCOPATH』という傑作アルバムをリリースして頂点を極め、THE BLUE HEARTSもファースト・アルバムをリリースし、ティーンに大きなインパクトを与えたのもこの年。若い女の子のリスナーも「BUCK-TICKっていいよね」とか、バンドを追っかけるようになって、「アイドルよりカッコいい」というような風潮が徐々に出始める頃だと思うんです。

錦織　TBSで「イカ天（三宅裕司のいかすバンド天国）」が始まった頃かな？

――あれはもう少し後ですかね……。スタートは1989年2月なので。すでに1987年に「バンドブーム」に火がつき始めていて、同時に昭和が店仕舞いを始めた時期でもあるのかなと。

錦織　そんな頃に、俺たちはミュージカルを始めたりしたわけだ。

――よく1986年を境にした社会の変化を「ファンタジーからリアルへ」と僕は表現するんですが、アイドルのあり方が変質しつつあるそんな時期に、少年隊は『stripe blue』『君だけに』『ABC』という、職業作詞家・作曲家・編曲家の最高峰を集結させた黄金の3曲を世に問うている。ある意味「ストリート感」「素人感」が〝リアル〟だともてはやされ、愛されるようになる時代に逆行してでも、プロフェッショナルなエンターテインメントを追求されたことを、今あらためて評価したいし、その意義の大きさを感じるんです。

錦織　そう言ってくれるのはありがたいけど、当時のことを思うと、とにかく必死だった、もがいていただけなんだよね。来た仕事をひたすらこなすというか。ジャニーさんの要求だって相変わらず高いし、それでいて世の中はバブル。CM撮影でハワイに行ったりしたのもそうだけど、俺たちは金がかかっていることばかりやってるんだよ。ミュージカルもそうだし。撮影にしてもハワイに3週間もいて。

シティポップな『stripe blue』はカラオケで歌いたい

――それぞれの曲についてじっくり話を聞きたいと思います。まずは『stripe blue』。作詞は松本隆さん、作曲は筒美京平さん、編曲は馬飼野康二さんと鉄壁の布陣です。あらためて調べて少し意外だったのは、いかにも夏の曲というイメージですが、リリースは3月だったんですね。

錦織　「MEN'S BA-TSU」というファッションブランドがあるでしょう。そのブランドが俺たちについてくれて、縦縞のシャツに縦縞のジャケットの衣裳を作ってくれたの。さらに原宿にある津川雅彦さんのお店の一角で、少年隊の公認グッズショップ「kœ:r（キォール）」もオープンした。MEN'S BA-TSU が服やグッズをデザインしてくれて。まだジャニーズ事務所公認のグッズショップがない頃でね。『stripe blue』のシングルを購入すると、その店の招待状がついてくる、そんな企画もあったんじゃないかな。

――それで楽曲も「ストライプでいこう」というコンセプトが生まれたんですか？

錦織　「ストライプが流行るといいね」なんて、メリーさんかジュリーちゃんが言ったらしいのよ。「じゃあ、曲作る?」みたいなノリかもしれない。

――「メリーさんから〝ストライプ〟をテーマにしてほしいという提案があった」と、松本隆さんもライナーノーツで書いていましたね。

錦織　本当？　じゃあ、その線で間違いないかもね。このときのメリーさんは積極的で、いろいろ意見を出していたから。スタジオにもいつもいて、ジャニーさんがいないときは必ずメリーさんが来ていた。

――メリーさん主導の曲ということで間違いなさそうですね。潑剌としながらもセンチメンタルですもんね。

錦織　そうかもしれない。この曲の制作過程で覚えているのは、詞について俺が具申したこと。

――そうだったんですか？　どの箇所だろう。

錦織　サビの終わりに「♪抱いて強く Wow Wow Stripe Blueで」となるじゃない。ここで長調に一回戻るんだけど、「で」がそのルート音に戻る音なんですよ。でも、最初はその「で」がなかった。「Wow Wow Stripe Blue」で終わってたの。字足らずだなと思っていて、「どうすんの、これ？」って。それで倒置法じゃないけど、「抱いて強く Wow Wow Stripe Blueで」と、『で』をくっつけて、倒置法にしちゃおうよ」と言ったんだ。

――そうだったんですか！　それはめちゃくちゃいいアイデアですね。

錦織　そう。「Blue」で終わるのはおかしいと思って。そう言ったらメリーさんが「『Blue』を2回繰り返せば？」って言うんだけど、「それはないな」と。

――「Stripe Blueで」って、いいですよね。「Blue Day」にも聞こえるし。

錦織　でしょう？　そこはルート音に戻ったほうがいいじゃない？

――あと語尾の「う」で強調するのは難しいですからね。「Stripe Blue」だけだと、力が抜けちゃうから。

錦織　だから、俺が詞を変えるのは郷太だけではないってこと（笑）。松本隆さんにいただいた詞もアレンジしちゃうんだから。

——そこにこだわりますね（笑）

錦織　そこはわかっていただきたい（笑）

——僕は『stripe blue』で3人のボーカルが入れ替わるところが大好きなんです。「錦織スタイル」「東山スタイル」「植草スタイル」と、それぞれのボーカルスタイルが『stripe blue』で完成したんじゃないかと思っています。曲調にしても、その前年にはオメガトライブの『君は1000％』がヒットして、シティポップというかAOR的な要素が好まれる時代にフィットしていたなと。今、また再評価されるべきテイストで、その意味ではメリーさんの感覚の鋭さも伝わってきます。

錦織　実は最初『stripe blue』は、もっとアレンジがシーケンサーっぽくて、デッド・オア・アライヴみたいな曲だったの。それをメリーさんが大反対して差し替えたの。

——生ドラムにしたんですね。

錦織　そう。俺なんかベースが「ドンッピッ、ドンッピッ」って鳴っているのが大好きなんだけど、そこの嗜好は真逆だから（笑）。「うるさいわ、このベース」なんて、大嫌いだからさ。

——スラップ・ベースというか、荒々しいファンク感が嫌いだったんですかね。

錦織　「ドンッ」なんかどうでもいいのよ。「ピッ」や「バゥンッ」がないと。

――なるほど。そういう意味では、『stripe blue』は当時の流行にフィットしていた感じがあるんです。ラジオ局で僕がリクエストして、錦織さんと僕が出会ったきっかけの曲でもあるので、個人的には思い入れは深いです。今うかがった話を聞くと、さらにこの曲が一番『レイニー・エクスプレス』っぽさがある気がしますね。

錦織　それはメリーさんが変えたおかげだね。

――もうひとつ言えば、爽やかでエネルギーに満ちたアイドルボーカリストとしての錦織一清を象徴する曲でもあると思うんです。錦織さんが、今この時期のシンガーとしての自分をどう思っているかはわからないんですが、僕は魅力的だとずっと感じています。作曲家としてみても、この曲のブリッジはいいですよね。京平さんがマイケルの『ロック・ウィズ・ユー』を意識して作られたんじゃないかなと。

錦織　そうかもしれない。俺も『ロック・ウィズ・ユー』が大好きだから。

――次の『君だけに』が大ヒットしてよく知られているだけに、「その前にこんな曲があったんだ」と、若い世代の音楽ファンの中には驚く人もいるんじゃないでしょうか。今のシティポップ隆盛の文脈に連なるし、新鮮に聞こえるはず。

錦織　余談なんだけど、カラオケで自分の曲を歌わされる時があるじゃない？　歌いやすいというか、歌っていて気持ちがいいのは『stripe blue』なのね。「『What's your name?』歌ってくれ」「『仮面舞踏会』をお願いします」ということも多いけど、そっちはカラオケ屋さんにしちゃ暑苦しすぎるのよ。

――確かに80年代後半からカラオケは大流行し始めましたからね。その中でのエネルギーやムードの調整もありますからね。

錦織　うん。だから『stripe blue』がちょうどいい。「♪天気雨　濡れながら」って歌った方が、呑んでる人の邪魔にならないでしょう。歌っている途中にお客さんが入って来ても、歌いながら「どうも～」なんて頭を下げることもできるし。

――なるほど。スナックの雰囲気にも馴染むということですか？

錦織　そうそう。雰囲気を邪魔しないんだよね。

――それはやっぱりAOR的だからかもしれないですね。『stripe blue』はカルロス・トシキさんが歌ってもおかしくない。やっぱり一番バンドっぽい曲なんでしょうね。でも、錦織さんはそんなにカラオケを歌われるんですか？　聴きたい人はいっぱいいると思うんですが……。

錦織　酷いんだよ。ときどき飲みに行くやつがいて、「先輩には負担かけないから一軒だけ行きましょう」なんて言うくせに、勝手に曲を入れてマイクを持ってくるの。「はい」

って（笑）

――言うてたのと違うやんて（笑）

錦織　「歌うのか、俺。うわー、自分の曲を金払って歌えるんだ」って（笑）。「カラオケって楽しいな。自分でお金を払って、自分の曲を歌えるんだ」って。普通は歌うとお金をもらえる立場なんだけど、「今日はお金を払って歌います」みたいな（笑）

SMAPの『SHAKE』最高説

錦織　とはいえね、俺がカラオケで一番好きなのは、SMAPの『SHAKE』。あれはいいよ。自分がゲストのラジオ番組でも流したりするんだけど一番いい。

――へー！

錦織　『SHAKE』を自分の曲に欲しかったぐらい。イントロ最高！　いい意味でバカっぽくて、「ええじゃないか、ええじゃないか」みたいじゃない。「チータカタッタ」とマーチのようで、「クール＆コミカル」の極致だよね。俺はSMAPのみんなにも「最高だ！」って言ったことがあるもん。『$10』もいいけど、断然こっちだね。自分でも歌うなら、フレッド・アステアのようなカンカン帽なんて決まると思うんだよな。

――キャバレーの舞台とかで映えそうですね。

錦織　そうそう！　チータカタッタバンドでいいのよ。バンジョーみたいのが入ってもいい。最高だよね。「この曲、俺にちょうだい」と言いたいぐらい。

――もし今の少年隊のバージョンが生まれるとしたならば、どんな風に響くんでしょうか？　「これぞＳＭＡＰ！」というイメージしかなかったんですが。

錦織　ただ歌い方は、俺だったら「♪ベリベリ最高ヒッピハッピシェイク」の「シェイク」が大事で、「ヒッピハッピ」では跳ねない。ホップ・ステップ・ジャンプだから。ごきげんじゃゃない？

――最高ですね。

錦織　今もそうだけど、いい曲を聴くと田舎っぺ大将だから体が勝手に動いちゃうのよ。16歳の頃に戻っちゃう。それにしてもＳＭＡＰはいいよ。昔からそう思っていたよ。「アパッチ野球軍」みたいで。決して上手じゃないけど、凸凹グループでいいじゃん。ＳＭＡＰは「平成のドリフターズ」だからさ。氷川きよしに『きよしのズンドコ節』という曲があったけど、ＳＭＡＰが『ズンドコ節』を歌ってもよかったよね。「ズンズンズンズンズンドコ」をちょっとゴーゴービートみたいにして。

――それも面白そうですね。

錦織　とにかく『ＳＨＡＫＥ』は最高！　実際にカラオケでよく歌わせてもらってる。こういう曲が俺たちにはないからね。キャンディ・ダルファーみたいなアレンジにしてもカッコいいよね。

——キャンディ・ダルファー！　確かにその雰囲気がある曲ですけどね。

錦織　カッコいいじゃん。ワクワクするじゃん。

『君だけに』が売れたら土下座する

——さて、1987年の少年隊黄金の三連打、2曲目は6枚目のシングル『君だけに』です。

錦織　実はメリーさんが大反対した曲でさ。

——そうなんですか？

錦織　ディレクターの鎌ちゃんが「メリーさん、これでやらせて下さい」と頼んだら、「私、嫌だから。こんな曲が売れたら土下座する」とまで言ったの。結局しなかったんだけど（笑）

——そのくらい反対だったと。

錦織　なんでそこまで反対したかというと、ミディアム・テンポの曲だから。この曲は俺たちが主演した映画『19 ナインティーン』の主題歌で、エンディングに流れた曲。映画の脚本は、『君だけに』を作詞した康珍化さんなの。

――そういったつながりがあったんですね。

錦織　ただ、俺は映画を観て驚いたんだけど、オープニングは久保田利伸さんの『流星のサドル』で。

――少年隊の映画なのに。

錦織　いろいろ約束があったと思うけど。撮影は世田谷の砧にある東宝撮影所だった。デビュー前に出演した『あいつとララバイ』も東宝で、この頃の東宝はアイドル映画の宝庫だった。同時上映が黒柳徹子さん原作、斉藤由貴さん主演の『トットチャンネル』。

――『19 ナインティーン』というのは、19歳ということですか?

錦織　それもあるけど、海外では「一番いい年頃」と言われているんだって。それが女の子のことなのか、男の子のことなのかはわからないけど。俺たちは未来から来た19歳の少年という役だった。

――設定がSFなんですね。

錦織　完全にそうだね。

――その『君だけに』が、メリーさんは不満だったと。

錦織　当初はスローで奇抜な踊りだったからね。跳ねる感じもないし、俺たちがじっとしてるのがメリーさんにとっては不満だったんだろうね。でも、振付を担当した山田卓先生の発案で、そこから動きを足していったの。チップ（註：フィンガースナップのこと）から始まって、後ろでスーッと飛んだりとかして。

――結果的にあの「指パッチン」が話題になりましたよね。あれは山田卓さんの発案だったんですか？

錦織　そう。そのアイデアもイメージも本当に凄くて。

――僕はミュージカルやダンスのことは詳しくないですが、少年隊の『君だけに』のパフォーマンスを見れば、山田卓さんがいかに天才かはわかります。そこも含めてタイムレスな魅力に溢れたマスターピースだと思います。

錦織　そうそう。鎌ちゃんがこのタイミングで『君だけに』という曲を強く推したのも、「これを少年隊がやったら絶対に売れるから」という可能性を見たからなんだよね。俺たちがスローナンバー、ミディアムナンバーを歌った時にどうなるのかと。それはたしかにチャレンジだったと思うよ。

――錦織さん自身は、どう思っていたんですか？　不安な気持ちもあったんですか？

錦織　正直あったよ。「これはどういうふうに見せるんだろうな」とか、ドキドキしていたよね。これまでと見せ方を大きく変える必要があったから。ただ「どういうふうにやるんだろう?」という可能性というか余地は大きくあったから。そこで山田卓先生が来てくれて。

——歌い出しは植草さんです。

錦織　そうなんだよ。

——植草さんもプレッシャーがあったんじゃないですか。『君だけに』という曲で、少年隊の第二幕が開く。その曲でセンター」というプレッシャーが。

錦織　でもね、これは今でもふたりに言っていないけど、美味《おい》しいところを歌っているのは実は俺なんだよ(笑)

——確かにそうですよね(笑)

錦織　郷太、植草にそれを言っちゃダメだぞ(笑)。今も知らないんだから。植草が歌い出しで、「俺は凄い」とおそらく今でもあいつは思ってるだろうから(笑)

——ハハハ。

錦織　サビ前の「♪My Sweet Heart」という美味しい部分を歌ってるのは俺なんだけど、植草は酔いしれてると自分で「♪My Sweet Heart」と歌っちゃう時があるんだよ(笑)。気持ちよくなってくると、あそこを歌っちゃうんだよ。

——(笑)。確かにあそこは歌いたくなります。

錦織　カラオケやってても、俺に「歌ってくれ」と言うくせに、そのくだりだけは素人のおじさんが歌っちゃうことがあるぐらいだから(笑)。「フタを開けてみたら、美味しいメロディーはあそこだもんね」という話。

――康珍化さんの歌詞も素晴らしいですよね。

錦織　康さんのこだわりがあって。Aメロに「♪僕はさびしさとともに生まれたよ」というくだりがあるじゃない。普通は「さみしさ」となるところを、「ここは〝さびしさ〟なんだ」と。そこは、かなりこだわっていらした。

――語感みたいなところも含めてですかね。

錦織　そうじゃないかな。そこが強く印象に残ってる。

――映画が『19 ナインティーン』で、その年の『PLAYZONE』も『TIME・19』というタイトルでした。

錦織　それぞれ全然違うストーリーなんだけどね。5月にロンドンに行って、そこでローレンス・オリヴィエの『Time』という舞台を観たんだけど、ジャニーさんがそのミュージカルが好きで、「Time」という言葉を使いたがったんだよね。

――なるほど。それで『TIME・19』になったと。

錦織　そう。これが第2回『PLAYZONE』になったわけ。このときの振付も、山田卓先生。山田先生は、譜面が読める珍しい振付師だから、ちゃんと譜面を持っていかないと振付してくれないのよ。そう言えば、公演期間中には植草が交通事故に遭って全治2週間なんてこともあった。原チャリで通ってたんだけど、帰りにタクシーに引っ掛けられたの。それで1日だけ出られなかった。仕方ないから夜中に合宿所で俺と東山で植草の台詞を割って覚えて、次の日はふたりでやったこともある。

ジャニーさんのルイ・ヴィトン

――少し時間が前後しますが、5月にロンドンに行った時の話を。

錦織　これは本当にミュージカルの勉強というか、4日間で5本ぐらい観たんじゃないかな。さっき言った『Time』とか、光GENJIのデビューのきっかけとなった当時、世界的に大ヒットしていた『スターライトエクスプレス』とかね。

――ローラースケートを履いて歌って踊るミュージカルですね。

錦織　そうそう。それぞれ印象に残ったけど、旅の思い出としては、ジャニーさんとロンドンのルイ・ヴィトンに行ったことかな。ジャニーさんが珍しくフラッと店に入ったのよ。俺はブランドとか興味がなかったけど、植草と一緒についていって。まあ思い出として、傘だけ買ったの。ふと見ると、ジャニーさんは1個のカバンを買うのに延々と迷っていて。

俺も植草も「ここまで粘って買わないと、俺たちまで恥ずかしいから買わせようぜ」と、ジャニーさんをガンガン煽ってさ。「これは日本では絶対に売ってないよ」なんて散々言ってたの。それで結局買った。

――買われたんですね（笑）

錦織　それで帰国したら、ジャニーさんがカンカンに怒っちゃって。「YOUたち、あのとき騙して僕にルイ・ヴィトンを買わせたけどね。メリーに怒られたよ。『そんなカバンはウチにいっぱいある』って」（笑）

――（笑）

錦織　「ジャニーさんは社長なのに、ルイ・ヴィトンのバッグ1個買っただけで怒られちゃうんだね」って返したんだけど（笑）

――ジャニーさんは、もちろんお金に困っていなかったと思いますけど、そういう時は即決ではなくて、迷うタイプなんですか？

錦織　迷うも何もジャニーさんはルイ・ヴィトンとかブランドに一切興味がないから。そもそも財布もカバンも持ち歩かない。お金はポケットの中にそのままジャラジャラ、カードもそこに入っている。何か物を運ぶ時はどこかの紙袋を使うし、携帯電話だって紙袋。これは有名な話だけどね。

――車とかも全く興味ない？

錦織　全く興味がない。どうでもいいと思っている人。

――服も？

錦織　服もどうでもいい（笑）。ワイシャツの下に、他人のTシャツを着てる時があるぐらいだから。「ジャニーさん、それ俺のTシャツだよ」と言ったことが何度もある。だから、俺と植草はルイ・ヴィトンに行くこと自体にビックリしたのよ。「入っちゃったよ」って。

「流行」「ヒット」「レコード大賞」の功罪

――先ほどから話題にしていますが、1987年というのは少年隊のみならずジャニーズ事務所にとっても一大転機というか、地殻変動が起きた年じゃないか、と。何と言っても、8月に光GENJIがデビューしたことは大きいです。デビュー曲の『STAR LIGHT』がいきなり大ヒットして、人気爆発。社会現象にもなりました。しかし、今にして思うと「なんであんなに人気があったんだろう？」「なんで長続きしなかったんだろう？」とか、疑問に思うことも多々あって。錦織さんは光GENJIのことをどう思っていましたか？　合宿所でメンバーと実際に顔を合わせていたと思うし、少年隊の次にデビューしたグループでもあります。

錦織　さっきも話をしたけど、そもそもはミュージカル『スターライトエクスプレス』の日本版上演がきっかけでデビューしたグループだよね。フジテレビとポニーキャニオンとジャニーズで組んで、そのためのキャンペーンを派手にドーン！とやった。それであのプロジェクトが始まる。俺たちがロンドンに行ったのも、すでにその話があったからだから。ただ、彼らがちょっとかわいそうだったなと思うのは、小さい頃から忙しくなりすぎたこと。最年少の佐藤敦啓は、デビューの時はまだ13歳だったでしょ。それにジャニーさん自身も、あそこまで当たるとは思ってなかったんじゃない？

——ジャニーさんにとっても想定外の人気だったと。

錦織　そうかもしれない。本当はジャニーさんも、ローラースケートだけじゃなくて、ミュージカルとか、いろいろやらせたかったんじゃないかな。

——可能性はあったわけですよね。赤坂晃さんも素晴らしいシンガーでしたし。

錦織　でも、想定外に人気が爆発したことで、そうもいかなくなった。「ヒット曲メーカー」としての役割を担わされてしまった。出す曲、出す曲がバンバン売れたからね。だって2年目でレコード大賞を獲ってるんだから。

——1988年の『パラダイス銀河』ですね。

錦織　芸能界には昔から「レコード大賞を獲ると、その後のキャリアが停滞する」というようなジンクスがあって。具体例は挙げないけど、それだけ流行り過ぎてしまうと、後が大変だっていうこと。その曲を超えるヒットを出すのは至難の業という。

――少年隊は１９８７年に『君だけに』などでベストアーチスト賞を受賞されています。ちなみにこの年の大賞が近藤真彦さんの『愚か者』。レコード大賞を獲るというのは、これまでずっと話をしている「芯を食いすぎる」「時代と寝すぎちゃう」と似たニュアンスがあるのかもしれませんね。

錦織　そうかもしれない。つまり「流行りすぎる」ってことだから。光ＧＥＮＪＩはまさにそうだったのかもしれない。

――難しいですよね。「流行る」＝「理解される」ということで、もっと言えば「大衆に理解できるレベル」だという。だからこそヒットする。ヒットするんだけど、同時に「理解できすぎちゃう」ことでもあって。少年隊の場合は、あのダンスの達者さ、３人のアンサンブルの妙というのは当時、実はそこまで正確に理解されていなかったと思います。

錦織　そもそもダンスが今ほど流行っていなかったしね。

――バク転やバク宙を見て、「凄い！」という感想はあったかもしれないけど、それが本質ではないということに今になって気づく人も多いからこその再評価と言いますか。

錦織　こんなことを言うと照れ臭いけど、俺たちのファンは「流行ってるから付いて行く」というタイプじゃなくて、〝通〟が多いと思うのよ。当時から俺らの踊りを評価していた人は、実際自分でも踊っていたり、踊りを知っている人も多かったから。「重心移動をやっているのが踊りだよ」と言うような人に理解されていたんだよ。

――よく「ミュージシャンズ・ミュージシャン」なんて言いますけど、少年隊は玄人筋にも高く評価されていたということですね。

錦織　ディスコでもそう。フロアでガチャガチャって踊ってる人たちは、俺たちの踊りを見ても何とも思わないだろうね。

――僕は少年隊が好きでしたが、光GENJIにも大きな衝撃を受けたんです。僕はそれこそメンバー最年少の佐藤敦啓さんや赤坂晃さんと同い年なんで、デビューの時は中学2年生。「うわ！　同い年のやつがスターになってる」と、それはやっぱり衝撃でしたよ。

錦織　敦啓も赤坂も小さかったからね。ふたりともまだ中学生でしょ。ジャニーズに入ってすぐだもの。

光GENJIの「光と影」

――少年隊にとっても光GENJIは初めての〝デビューした後輩〟となります。錦織さんは最年長の内海（光司）さんよりも学年で二つ上ですが、自分たちが〝先輩〟だという意識はありましたか？

錦織　それはあまり意識しなかったけど、事務所にとって光ＧＥＮＪＩのデビュー後というのは、ひとつの過渡期だったのは確かだよね。

――気になるのが、この年の4月にリリースされた少年隊のアルバム『PRIVATE LIFE Light&Shadow』というタイトルです。このタイトルにもあるように、この頃のジャニーさんは「光と影」というフレーズを好んで使っていたように思います。飛鳥涼さん作詞の『ガラスの十代』にもそのフレーズがあるし、光ＧＥＮＪＩの母体となるグループも「ライト・イン・シャドウ」。諸星和己さん、佐藤寛之さん、佐藤敦啓さん、そしてもう一人の4人が「ライト・イン・シャドウ」で、それがやがて「ＧＥＮＪＩ」になり、山本淳一さんと赤坂さんが参加後、「光」のメンバー、元イーグルスの内海さん、大沢（樹生）さんと合流して「光ＧＥＮＪＩ」となる。

錦織　なるほど。光と影ね。

――社会現象になったたのきんトリオによって、金銭的な余裕もできて、ジャニーさんは１９７０年代に実現できなかったこともできるようになったわけでしょう。それこそアメリカでジャクソンズを見たり、マイケル・ピータースに振付を頼んだり、『ＰＬＡＹ

ZONE』を始めたり。その影響もあって、以降のテーマが微妙に変化したと思うんです。1970年代の停滞期を堪えて、そこからなんとか這い上がった。そして芸能界の王座を完全に摑んだのが、この1986～87年。もしかしたら少年隊によってジャニーさんの夢がひとつ叶ったのかもしれない。

錦織　ジャニーさんの中で「このぐらいの高度で飛びたいな」という地点まで行ったんだろうね。安定飛行になるまでがんばって、そこで「バチッ」と変わった瞬間というか、安定飛行が可能になるお気に入りの高度まで行けたのかもしれない。

——そうだと思います。だからこその〝影〟でもあって。

錦織　それに光GENJIのバックにいた「スケートボーイズ」がSMAPの母体になるわけでしょう。すでに〝次〟も用意されていたわけだから、乗りに乗っていたんだよね。安定供給の基礎が固まっていたというか。

——男闘呼組も忍者も控えていて、「もう2年後を心配しなくていい」というか。

錦織　いわゆるトルクの部分なんだよ。「バーン！」って出る馬力じゃなくて、その後に引っ張っていくトルク。そのトルクをいかに作っていくかが大事で。ジャニーさんは次から次へとグループを作らなきゃいけないわけだから。常に挑戦者の姿勢を崩さなかった人だからね。元日の武道館コンサートもだけど、次の年の2月には、少年隊で東南アジアツアーにも挑戦した。シンガポール、バンコク、香港、台北の4都市。今でこそ当たり前になったけど、当時はまだまだ珍しかったから。

――いちいちやることが画期的なんですよね。

錦織 「こいつらで試してみよう」「こいつらに新しいことをやらせてみよう」というのは、ジャニーさんの中にあったと思う。そういう可能性に対する期待はあったんじゃないかな。

――「ジャニーズの一番のアンチはジャニーさん」というフレーズがありましたが、それまでのジャニーズの〝アンチ〟になるような挑戦を少年隊で試している。でも面白いのが、その〝アンチ〟の方が、歌って踊るエンターテインメント、むしろ〝王道〟を行っていることです。

錦織 俺たちも確かに「アイドル」のように扱われていたこともあったけど、当人たちにはあまりアイドルという意識がないのよ。そんなにアイドルチックなことをやらせてもらっていないし。例えば曲にしても、『ハッとして！Ｇｏｏｄ』とか『ギンギラギンにさりげなく』のような言葉の遊びをやらせてもらっていない。そもそも、少年隊にはそういう歌がないんだよ。歌は歌としてちゃんとしているというかさ。

――確かに『デカメロン伝説』の錦織さん考案の「ワカチコ」ぐらいですかね。

錦織 でも、あれも打ち込みでやっているだけで、さほど遊んでないからね。

当たり前の最高峰『ＡＢＣ』

――１９８７年の話に戻りましょう。１９８７年11月には『ＡＢＣ』がリリースされます。作詞は松本隆さんで作曲は筒美京平さん、編曲は船山基紀さんという黄金トリオによるもので、僕は少年隊のみならず、日本ポップ・ミュージック史上最高傑作だと思うほど、大好きな曲です。

錦織　１９７０年代にはブラスセッションを積極的に取り入れたアース・ウィンド・アンド・ファイアーに人気が出て、その後は映画『サタデー・ナイト・フィーバー』があったり、いわゆる「ディスコブーム」があったでしょう。その時代を経て、サウンドが打ち込みのユーロビートに替わっていった。『ＡＢＣ』はそこに寄り添ってるのよ。そのちょっと前に発売されたバナナラマの『アイ・ハード・ア・ルーマー』にちょっと寄り添った感じがしない？

――確かに。バナナラマのプロデューサー・チームは、ストック・エイトキン・ウォーターマンで、リック・アストリーやカイリー・ミノーグなども手掛けていて、まさに最も旬なサウンドメイカーでしたね。

錦織　そうそう。あの頃の感じ。

――それに加えて『ABC』は、「1980年代のフィル・スペクター・サウンド」とも言えるんじゃないかなと僕は思っています。編曲家の船山基紀さんから直接うかがいましたが、シンセサイザーを何台もスタジオに並べてMIDIで同期させ、さらにそこに生のベースとドラムを重ねている。いわば「フィル・スペクター・ミーツ・ストック・エイトキン・ウォーターマン」が、筒美京平&船山基紀によるこの『ABC』というか。

錦織　筒美先生も「これでどうだ！」って思ったんじゃないかな。

――京平さんが亡くなってから、あらためて京平さんにとっても「少年隊って大きな存在だったんじゃないかな」と考えていたのですが、中でも『ABC』は、クリエイターが本気の本気を出し尽くした結晶というか。

錦織　それがさっき言った「可能性」だよね。「少年隊ならばできるんじゃないかな」という。

――TBSの「ザ・ベストテン」が1989年に終わったのが象徴的ですが、平成になるとそれまで日本の歌謡曲を支えていた歌番組が軒並み終了して、「歌謡曲」というジャンル自体が消失しました。スタジオに豪華なアンサンブルを用意して、生音をバックに歌い踊るというような本格的エンターテインメントに触れる機会が少なくなった。そのことを考えると、平成という時代は、少年隊のように「本質を極めよう」という人たちにとって、あまりいい時代じゃなくなってしまったのかもしれないな、と。

錦織　そうかもしれない。

――船山さんの作品の集大成が発売されるなど、令和になってさらに歌謡曲、シティポップ再評価の波が高まっていますが。やはり『ABC』という曲は、少年隊という〝可能性〟をありったけ詰め込んだ曲だったのかなと思います。

錦織　もうちょっとひねくれた言い方をすると、『ABC』という曲は、当たり前の宝庫なんだよね。

――それは「新しい挑戦をしていない」ということですか？

錦織　そう。でも悪い意味でもないのよ。

――『仮面舞踏会』が「当たるか、外すか」微妙なライン、危ない橋を渡っているのに対して、当たり前の最高峰が『ABC』だということですか？

錦織　そうそう。あの曲には、当たる要素しかないんだよ。

――京平さんや船山さんにとっての「当たり前」というのは、1950～60年代のポップ・ミュージックの最良のところであって、「こう展開していったら、一番気持ちいいだろう」というところがめちゃくちゃわかっているふたりですよね。最大公約数がわかっているというか、それはストック・エイトキン・ウォーターマンのサウンドにも言えると思っていて。

錦織　そうだね。

――1999年の秋頃、『LOVE TOGETHER』というノーナ・リーヴスの曲を京平さんと一緒に作る機会に恵まれて。作業が終わった帰り際、京平さんのご自宅のドアのところでリック・アストリーのファースト・アルバムを渡されて、「郷太君、このアルバムを聴きなさい」って。「これを聴くと日本人がどういう音楽が好きかわかるよ。もう一回あらためてちゃんと聴いてみなさい」って渡されたんです。もちろん僕はすでに持っていたし、80年代にはよく聴いていたんですが。

錦織　「この曲に全部詰まっているよ」と。

――そうなんですよ。「今?」って、正直驚いたんですが。

錦織　筒美先生がリック・アストリーを郷太に渡したというのは、「その〝鉄則〟を覚えておきなさい」ということなんだろうね。「君はいい曲を書くけど、そこに〝鉄則〟が入ったら〝鉄壁〟になるよ」と。「もう一回聴いてみなさい」というのは、そういうことだよね。

――その渡されたCDには、グッと来るメロディーの詞の部分に鉛筆でラインが引いてあったんです、それがとても印象的で。『ABC』には、1987年7月末にリリースされ、世界的に大ヒットしたリック・アストリーの『Never Gonna Give You Up』を感じるというか。京平さんにとっても、最新のヒットメイカー、ストック・エイトキン・ウォーターマンのメソッドをギュッと凝縮し、ご自分のメロディーとして爆発させることに成功されたというか。

錦織　「トン、トン、トン、♪Never Gonna〜」って跳ねるところの感じを先生は知ってたんだよ。そういう細かいリズムが入ってくると、日本語でも間延びしない。英語は四分音符に一つのワードが入るけど、日本語は入らないじゃない。それが日本語の曲と英語の曲の大きな違いであってさ。

——よく言われることですよね。

錦織　そのことについて徹底的に研究したのが桑田佳祐さんや佐野元春さんで。佐野元春さんは、音符上で子音と母音に分けるくらい、ビートに日本語が上手く乗るような細かな符割りをしているんだって。

——確かにあのおふたりは、日本語のリズムの革命を成し遂げた人たちですよね。

錦織　俺がＳＭＡＰの『ＳＨＡＫＥ』を絶賛したように、山下達郎さんは「これなんだよ。少年隊はこれをやるべきなんだよ」と『ＡＢＣ』を褒めてくれたらしいの。あれなんだよ、あれでいいんだよって。

――小西康陽さんも、ライムスターの宇多丸さんも、話を合わせたわけではなくて、「世界で一番いい曲」とおっしゃるのが『ABC』で、僕もそう思います。

錦織　『ABC』のこぼれ話をしていい？

――もちろんです。

錦織　『ABC』が「ザ・ベストテン」にランキング入りして、番組に出演した後、友達がやっている六本木のショーパブに飲みに行ったことがあるの。そうしたら「ニッキ、いいところに来た」って。「今からショータイムなんだけど、少年隊の『ABC』やるんだよ。衣裳を貸して」「いいよ」「何なら、お前も歌え」って言われて、面白そうだから出ちゃった（笑）

――ええー。

錦織　無茶苦茶だろう（笑）

――お客さんは何人ぐらいいたんですか？

錦織　三、四十人ぐらいいかな。みんなびっくりしてたよ。だって、さっきテレビで歌ってたやつがいきなり出て歌ってるんだもん。

――闇営業じゃないですか（笑）

錦織　逆だよ。だって飲み代払って歌ってんだから（笑）。その一回だけなんだけど、あれは貴重だったね。

——錦織さんが『ABC』を初めて聞いたのは、松本隆さんの詞が出来上がってからですか？　それとも「ピーン、ピンピンピン」みたいなシンセのメロディーができた状態で聴いたんですか？

錦織　筒美先生がピアノを弾いて、それで初めて聞いた。シンプルなバージョンで。先生は全部鍵盤でメロディーを弾いちゃう人だから。

——ピアノだけのバージョンを先に聞いたんですね。

錦織　そう。歌詞が乗ったバージョンはその後だね。

——それはジャニーさんとかと一緒に聞いたんですか？

錦織　『ABC』の頃はもう合宿所住まいじゃないから、筒美先生の自宅だったと思う。『ABC』は、いわゆるクラブ・リミックスみたいな感じの12インチも出したね。

——もともとディスコっぽい曲ですもんね。

錦織　昔は六本木のディスコにレコード会社が洋盤を持って行って、「これ、かけてくれ」とDJに回させてたから。ディスコ発のヒット曲っていっぱいあったじゃない。山下達郎さんの『BOMBER』にしても、大阪のディスコで流したことで火がついてヒットしたわけでしょう。ディスコで掛けるのは、プロモーションの一環だったんだよね。『ABC』

もその流れを汲む曲ではあるんだよ。

「俺が本当に好きなことをやるとヒットしないのよ」

——うかがいたいのですが、錦織さんが個人的に好きな少年隊の楽曲は、シングルB面やアルバム収録曲を含めてどの曲なんでしょうか？

錦織　パッと思い付くのは、『君だけに』のB面の『ミッドナイト・ロンリー・ビーチサイド・バンド』かな。前に『ダイヤモンド・アイズ』か『レイニー・エクスプレス』のどちらをA面にするかどうかで揉めた事件のことを話したでしょう。結果的にB面となった『レイニー・エクスプレス』もいいんだけど、俺の中で最も素晴らしいB面は『ミッドナイト・ロンリー・ビーチサイド・バンド』。

——あの曲は最高ですね。『ミッドナイト・ロンリー・ビーチサイド・バンド』も1987年の曲で、作詞は康珍化さんで、作曲は筒美京平さん。

錦織　あまり自分の曲は、ヘッドホンでもカーステレオでも聴かないんだけど。もちろんチェックする時は聴くけど、自分の声を聴いてうっとりするなんてこともなくて。

——普段はあまり少年隊の曲は聴かれていないんですよね。

錦織　そうなんだよね。それでも、自分の iPhone の中に入ってて恥ずかしくないのは

『ミッドナイト・ロンリー・ビーチサイド・バンド』。最初にこれを聴いた瞬間、「ああ、40になっても、50になっても歌える曲ができた」って思った。55歳を超えた今でもそれは変わらない。

――ファンは当然知っている曲だと思いますが、一般にはあまり知られていない曲かもしれませんね。

錦織　これを機に聴いてもらえると嬉しいよね。それで言うとね、俺は自分が本当に好きなことをやっちゃうと売れ線じゃなくなっちゃうのよ。ヒットしない。『仮面舞踏会』のイントロで「♪Tonight ya ya ya... tear」を提案したのも、あくまでヒットさせるためであって。

――ブロウ・モンキーズの『It Doesn't Have To Be This Way』にインスパイアされている『ミッドナイト・ロンリー・ビーチサイド・バンド』は、錦織さんのもともとのUKソウル趣味と嗜好にフィットしたということですね。

錦織　そうそう。それと大人になっても聴いて歌いたい曲。『ミッドナイト・ロンリー・ビーチサイド・バンド』が流れる店にずっといたい。酒が美味くなるよ。踊りもカッコいい。パナマハットみたいなのかぶって、汗臭くない踊りで。

――（笑）

錦織　踊りはその方が実は難しいんだから。音の中を泳ぐイメージのダンス。

――いいですね。

錦織　テナーサックスっていうの？　こういうの大好きなんだ。ジェイク・コンセプションのサックス大好きだし。

――ジェイク・コンセプションさんは、田原俊彦さんの『ハッとして！Ｇｏｏｄ』や松田聖子さんの『ＳＷＥＥＴ　ＭＥＭＯＲＩＥＳ』など、数えきれないほどの名曲に参加していますよね。少年隊の『仮面舞踏会』にも。このあたりのミュージシャン・クレジットは公開されていない曲もあるので、今のうちに調べておきたいところですね。

錦織　（曲を聴きながら）やっぱり、いいねえ。汗臭くないもの。凄くブルーな感じがするでしょう。

――僕もこの感じ、大好きです！　１９８７年11月には8枚目のシングル『ＬＡＤＹ』を発売、12月には初めてのディナーショーを東京プリンスホテルで行い、「紅白歌合戦」は『君だけに』で2回目の出場と、例年以上に多忙な中で、少年隊にとっての黄金の１年が幕を閉じました。

第9章　少年隊は俺たちだけじゃない

1988年の収穫

――1988年。デビューからまだわずか2年ちょっとですが、この年も充実の1年ですね。5枚のシングルを発表、3月には早くも初のベストアルバムが発売されています。少年隊の活動は以降もまだまだ続きますが、この本では1989年を区切りと考えているので、その意味では残り時間が少なくなってきました。

錦織　1988年9月スタートの舞台『GOLDEN BOY』が大きかったんだよね。初めて舞台の主演を一人で務めたもので、俺にとってはこの経験がとても大きい。いくつかある人生の大きな転機のひとつで、『GOLDEN BOY』以前と以後で分けられると思っているぐらい。

——同時に1989年に時代は昭和から平成へと移ります。この『少年タイムカプセル』では、その頃のことまでを振り返ってもらおうかと。

錦織　この年ぐらいから、それぞれソロ活動が増えてきた記憶があるよね。

——1988年3月には、9枚目のシングル『SILENT DANCER』が発売、作詞は売野雅勇さんで、作曲は和泉常寛さんです。

錦織　セイコーの腕時計のCMソングだったね。

——その約2週間後には、10枚目のシングル『ふたり』が発売。作詞作曲は飛鳥涼さんです。

錦織　『ふたり』は、飛鳥さんのおかげでコンサートのMCで面白いことを言えたんだよね。「では、最後に3人で歌います。『ふたり』」って（笑）。それを持ちネタとして使えたので、飛鳥さんには感謝しています。

——（笑）。そして7月には11枚目のシングル『What's your name?』が発売。この『What's your name?』は少年隊の良いところを一つにギュッとまとめたような曲ですね。本当にレベルが高い。最高傑作の一つではないでしょうか？　作詞は宮下智さんで、作曲と編曲はJimmy Johnson、つまり馬飼野康二さんの変名ですよね。それまで馬飼野さんは『stripe blue』『君だけに』『バラードのように眠れ』の編曲を手掛けられていましたが、少年隊のシングル曲の作曲家としての起用はこれが初めてです。そして宮下智さんは、作曲はもちろん歌詞を書く才能にも溢れていて凄まじいです。

錦織　この曲は踊りもいいんだよね。ソウルステップってあるんだけど、それをそのまま踊ると小さな振りになっちゃうから、わざと大きく踊らないと仕方がないのよ。

――たしかにスライディングしたり、特に錦織さんの動きが激しいですね。Bメロの歌詞「♪お目にかかれて」とかもいい。宮下さんは英語ができる人だから、日本語の響きがちょっと独特でそこが面白い。

錦織　「♪あなたが欲しい」の「が」は「がぁ」だったりね。「♪も一度」の「も」とかね。ビートに上手く日本語を乗せてるよね。

――日本語をある意味適当にというか、意味よりも音感重視で扱っている。そこがカッコいい。

錦織　それで思ったけど、「少年隊の曲を全部英語にする」というのも面白いかもね。

――宮下さんは、いい意味で歌謡曲を気軽に考えていると言いますか。もともとクラシック畑で英才教育を受け、10代でアメリカに留学されていて洋楽文化を全身に浴びた人なので。
錦織　安井かずみさんもそうかもしれないけど、スタッフの中にそうした〝遊び〟を知ってる人たちがいたんだよね。
――宮下さんはいつも「私なんて全部適当にやってるだけだから」とおっしゃるんです。「えっ、歌謡曲？　じゃあグレン・ミラーみたいなのを作ってみましょうか」と言ってできたのが、『ハッとして！Ｇｏｏｄ』らしくて。それ風のものを作るのは得意なのよと。
錦織　それが〝遊び〟だよね。
――宮下さんの書いた歌詞は、例えば「『まいったネ今夜』って、やけにレトロだな」とか当時は思ったんですけど、もっと高いところを見ているんですよ。それもまたタイムカプセルで。サウンドを含めて、全体を俯瞰して考えているから。
錦織　あとはディレクターの鎌ちゃんもいじってるからね。鎌ちゃんは、レコーディングの時に裏側に韻を踏める単語をいっぱい並べてくるわけ。「何とかベイビー」の裏に「何とかメイビー」とか。佐野元春さんの『ガラスのジェネレーション』ですよ。「♪街に出ようぜ baby　二人の街に maybe」、「baby」と「maybe」で遊んでるじゃない？　それに少年隊の曲も時間が経つにつれて、俄然英語が少なくなってくる。英語での遊びをしなくなっていった時代があって。

――『What's your name?』の次が『じれったいね』ですね。1988年11月発売。これが12枚目のシングルで、作詞は森浩美さんで、作曲は筒美京平さん。これも最高の名曲。現時点でパフォーマンスを含めて最も好きな曲は、三連シャッフルのこの曲かもしれません！

錦織　〝一番〟が多いんじゃない？（笑）

――少年隊には好きな曲が多過ぎるんですよ（笑）。当時『じれったいね』が届いた時は「いい曲きたなあ」と思ったんですか？

錦織　思った、思った。

――植草さんも『じれったいね』が好きだとおっしゃっていましたね。僕は「今の若い人が見て特に響くのは、このあたりの曲じゃないかな」と思っています。「少年隊再評価」の鍵となる曲だと思うし、知らなかった人は驚くと思います。ダンスもすばらしくて、『ウエスト・サイド・ストーリー』にインスパイアされた『ザ・ウェイ・ユー・メイク・ミー・フィール』のマイケルみたいな。

錦織　（『じれったいね』を歌い踊る映像を見ながら）あらためて言うことでもないけど、凄いよね。なんて他人事に聞こえるかもしれないけど、あの時代のテレビのオンエアを、俺はほとんど観てないのよ。

――録画もしていなかったんですか？　後でチェックすることもなく？

錦織　合宿所に住んでいる頃だったら、ジャニーさんが必ず録画していたんだけど、この頃はもうひとり暮らしを始めていたから。

そして平成へ――棺桶まで持っていける曲

――1989年になり元号が平成に変わります。その年に発表された楽曲が先ほども話に出た宮下智さん作詞作曲の『まいったネ 今夜』。これが6月に13枚目のシングルとして発売されます。

錦織　昭和の終わりと1980年代の終わりが同じ年というのも、なんか因縁めいてるよね。

――それにこの年の9月にTBS「ザ・ベストテン」が終了します。そしてフジテレビの「夜のヒットスタジオ」も翌年の10月に終了。昭和の歌謡界と芸能界を牽引してきた二大歌番組が続いて終了したというのも象徴的です。

錦織　そうだね。俺たちはこの二つの番組に育てられたようなものだから。

――同時に、少年隊の曲もどんどんムーディなものになっていきます。夜をイメージする楽曲が増えるというか。光GENJIや男闘呼組との対比や差別化のようなものがあったのかもしれませんが。

錦織　どちらかというと夜型だよね。まあ、デビュー曲の『仮面舞踏会』にしても『君だけに』にしても夜だけど、『stripe blue』のようないかにも夏の真昼というような曲はなくなっていったかもしれない。

――それでも１９８７年まではまだヤングな少年隊というイメージ。ここまでのシングル楽曲を収録したベスト盤の最後には、伝説の「おしゃべりデート」企画もありましたし、「スーパーアイドル」というムードがまだ残っています。でも、『What's your name?』『じれったいね』『まいったネ 今夜』で完全に「大人のアーティスト集団」になったという気がしますね。１９８８～89年の少年隊は一生聴ける。完璧でしょう。

錦織　棺桶まで持っていけるかな。

――バッチリです。この頃になると、一世を風靡した光ＧＥＮＪＩもちょっとペースを落としてきて、まだ１９８７年のデビューから2年ほどですけど。

錦織　かわいそうだけど、光ＧＥＮＪＩは曲調のバリエーションがなかったんだよ。それこそ昼の曲ばかりだったじゃない。

――その意味では、やはりそれまでのイメージをガラッと変えた、アダルトでエレガントなバラード『君だけに』は、やっぱり大きかったですね。

錦織　大きかったと思うよ。ただ、それも後になってわかることで、当時意識していたわけじゃないんだけど。

合宿所生活

――先ほども少し話に出ましたが、錦織さんはいつまでジャニーズの合宿所にいたんですか？

錦織　いつだったかなあ。『ＡＢＣ』のときはもういなかった。１９８７年の初めまでは、まだ合宿所にいたと思うんだよなあ。

――前にも伺いましたが、デビューしてからの方が慎ましい生活を送っていたとか。

錦織　それは間違いないね。慎ましいというかなんというか、「駆け出しのバンドマンみたいだなあ」って思ってたもの（笑）

――当時の合宿所の部屋割はどうなってたんですか？

錦織　俺は中村繁之と同室だった。二段ベッドで。ヒガシはなぜかひとり部屋だったね。

――何で東山さんだけひとり部屋なんですか？

錦織　知らない。植草は男闘呼組のメンバーと同室だった。

――えっ、男闘呼組のメンバー全員と一緒だったんですか。男闘呼組は４人だから、植草さんがいると5人で奇数じゃないですか。それで二段ベッドに上手く収まるんですか？

錦織　俺に聞かれてもわからないよ（笑）。一室に二段ベッドがたくさん置いてあった。密だったのは間違いないね（笑）

——デビューしてそれぞれ多忙なのに、個室がないというのも凄いですね。

錦織　まあ実家はアパートだったし、それまで自分の部屋を持った経験がなかったから。

——合宿所生活というのは、錦織さんの中ではどういう感覚だったんですか？　家族と生活しているような感じですか？

錦織　うーん……家族とはまた違うかな。10代後半のティーンエージャーが中心になって集まって住むんだから。芸能界がどうとかはおいといて、毎日が修学旅行みたいな生活だったね。

——面白かったですか？

錦織　それは面白かったよ。「外出禁止」みたいなルールはあるけど、それを破っていかに抜け出すのかを考えるのも面白かったし。飲みに行くにしたって、そういう制約があるからこそ楽しい。コロナは別として、今は何時に出て行って帰って来てもいいから、面白くも何ともないからね。

——以前錦織さんは、中村繁之さんのことを「男っぽいやつ」と絶賛していましたよね。

錦織　うん。あいつは男だよ。

――最近はお会いされていないんですか？

錦織　たまに飲み屋で会うけどね。今でも「兄貴、兄貴」と慕ってくれる。本当にいいやつなんだよ。

「少年隊」でよかった！

――1987年からはそれぞれのソロ活動も目立ちましたね。3人ともドラマや舞台に出演したり。

錦織　前にも言ったように、俺たちは「グループじゃない」とジャニーさんに言われていたから。ジャニーさんは「少年隊ってグループじゃないのよ。個人の集まりだから、YOUたち、そう思っておいてね。だから3人集まったら300パーセントになんなきゃダメなんだよ」って。

――それがジャニーさんの意図だったんですね。

錦織　もともと「少年隊」というのが俺たち3人だけのことを指すグループ名じゃなかったからね。いわゆる当時の研究生たちを表す総称であって。

――つまり、それぞれソロ活動をするのも既定路線だったということですか？

錦織　そうそう。今になれば「少年隊」というのは俺たち3人のグループ名ということになっているけど、当時の俺たちにはグループという意識がなかったんだよ。

——選ばれて残ったトップの3人というか。

錦織　デビュー前には「ジャニーズ少年隊」として「夜のヒットスタジオ」とかにも出してもらったんだけど、デビューする時に「ジャニーズ」を外した。それで「少年隊」が残った。俺たちがデビューする時に、「どんなグループ名になるのかね」なんて言ってた人もいたぐらいだから。

——みんな「少年隊」という名前でデビューするとは思わなかったんですね。

錦織　3人というのは決まっていたから、昔の『ライアー』とかを歌っていた「スリー・ドッグ・ナイト」みたいな、「そういう名前がいいね」とか言う人もいたぐらい。

——別の名前になる可能性もあったんですね。

錦織　ジャニーさんに「どう思う?」って聞かれて、「少年隊でいいんじゃない」という話をしたのは覚えている。「これだけいろんな歌番組にも出てるから、少年隊の方がいいかもよ」って。

——それは重要なところですね。「少年隊そのものは残したいというメンバーの意向を尊重し、これからも所属グループとしてその名を残すこととといたしました」と、錦織さんが退所する際に事務所が発表したメッセージにもつながる話で。
錦織　そう。「少年隊」というのは自分で付けた名前ではないからね。ジャニーさんがやっていたことだから、「その名前をどうしますか？」と聞かれても、俺に判断する権利はない。だから、そう言ったんだよ。
――「少年隊を解散する」という権利はないと。
錦織　「その名前を使わないで」という権利が、俺にはないんだ。今考えると、「ジャニーズ」を外して「少年隊」にしておいてよかったね。ファンは簡略化して呼びたいでしょう。「ジャニーズ少年隊」とは呼ばないし、どのみち「少年隊」と呼ばれていたと思うから。
――本当に「少年隊」でよかったですよ。
錦織　光ＧＥＮＪＩがデビューした瞬間に思ったのが、「ああ、ジャニーさんらしいネーミングだな」って。でも、「ＳＭＡＰ」というグループ名はジャニーさんらしくないんだよな。
――「男闘呼組」はジャニーさんっぽいですか？
錦織　うん。「男闘呼組」はいかにもジャニーさんっぽいよね。ただ俺は世代的に、「男闘呼組」と聞くと、池上遼一さんのマンガ『男組』を思い出しちゃうんだよね。それと同じで「ＴＯＫＩＯ」もピンとこない。どうしても沢田研二さんの曲を思い出しちゃうから。

2020年にジャニーズのタレント総出で、「Twenty★Twenty」という期間限定ユニットをつくったじゃない。これを「トニトニ」と発音させるんだけど、これもジャニーさんっぽいよね。ネイティブは「Twenty★Twenty」を「トゥエンティー・トゥエンティー」ではなく、「トワニー・トワニー」と発音するでしょう。それを簡略化すると「トニトニ」なんだよ。だから『Twenty★Twenty』と書いて『トニトニ』と読む」と聞いた時に、「ジャニーさん、来たね」と思った。

——やっぱりジャニーさんのネーミングは独特ですよね。

錦織　「たのきん」もジャニーさんっぽいよね。大反対があったらしいけど。「たのきんトリオ」って、元ネタは「殿さまキングス」でしょう。「殿キン」って呼ばれていたから（笑）

——「SixTONES」を「ストーンズ」と読ませるのも凄いですよね。それをうかがうと、もっと凄いのは「イーグルス」ですけど（笑）。「嵐」もジャニーさんっぽい。

錦織　「嵐」は自分でも気に入ってたと思うね。そう言えば、ジャニーさんに一回アイデアを出したことがあるの。「もっと小さい子たち、小学校低学年ぐらいの子たちを集めたグループで『幼稚園』はどう？」って（笑）。「幼稚園」っていうグループ。ジャニーさんっぽいよねって。

——「羞恥心」みたいな。

錦織　そうそう。

――でも「たのきんトリオ」に「シブがき隊」と来て「少年隊」ですから。

錦織　すっきりしてるでしょ。ジャニーさんは「風林火山」みたいな言葉が好きなのよ。笑っちゃうのが、一世風靡セピアが出た時にジャニーさんがいつも間違えるの。「一心太助、一心太助」って（笑）

――（笑）

錦織「ジャニーさん、それなら大久保彦左衛門もいるね」って話だよ。「あの一心太助ってグループいいよ」「違うよ。あれは一世風靡だよ」って、どれだけ間違いを指摘したことか（笑）

――四文字熟語の漢字が好きだったんですかね。

錦織「花鳥風月」とかね。そういうの好きなんだよ、ジャニーさんって。

――外国人が浅草で買うTシャツみたいな？

錦織「鳥獣戯画」という言葉も好きだと思うな。「戯画」を「ＧＩＧＡ」と英語にして、「鳥獣ＧＩＧＡ」としてみたり。なんか電波の通りが良さそうじゃん（笑）

――いいですね！「鳥獣ＧＩＧＡ」。

錦織「劇団鳥獣戯画」は、実際にあるんだけどね。

――「鳥獣」を「超獣」にしてもよさそう。

錦織　いいよね。いや、何がいいのかよくわかんないけど（笑）

少年隊という〝可能性〟

――これまで何度も筒美京平さんの話にもなりましたが、あらためて京平さんにとっての少年隊について考えていきたいんです。京平さんが他の人に提供した曲――それこそ膨大な数に及びますが――と比較した時、特にやっぱり1987年の『stripe blue』『君だけに』『ABC』の3曲は特別だなと思うんです。少年隊に対しては「あ、これは本気でやれる場所だ」と思っていたはずというか。その意味でも一番脂の乗り切った時期に濃い果汁として出たのが、1987年の『stripe blue』『君だけに』『ABC』の3曲ではないかと。

作り手からすると、「君たちはどれだけできるの？」ということを最初は試すわけじゃないですか。「どれだけ音階使えるの？」「どれだけ踊れるの？」と。おそらく最初に『サクセス・ストリート』を作ってる時は、まだ京平さんは少年隊のポテンシャルを完全には理解できていなかったと思う。

錦織　その頃はまだ試し試しというか、「答えが出なかった」だろうね。

——それが段々と「あれ、この子たちはいろんなことできるんだ」と気づき始めたんじゃないかと。だからデビュー前の段階で60曲も作れた。京平さんの作品の中でも、とりわけ少年隊との仕事は時を超える指折りの傑作が多いと感じます。

錦織　俺たちだけではなくて、筒美先生の楽曲は名曲揃いではあるけどね。筒美先生にしても、そもそもジャニーさんとの信頼関係があったから、俺たちに曲を提供してくれたわけで。俺が「少年隊のリーダーは誰?」と訊かれて、「ジャニーさん」と答えるのはそういうことなんだよ。

つまり、「少年隊」というのは俺たち3人だけじゃない。もっとカンパニーというか、ジャニーさんやメリーさん、ディレクターの鎌ちゃんを含めて「少年隊」なんだよ。「誰が欠けても少年隊にならない」という話。そういう意味なのよ。

——なるほど。

錦織　俺たち3人だけのものじゃないんだよ、少年隊は。

——振付の山田卓先生にしても、「この3人ならば全力でバットを振れる」と思ったはずです。頂点にジャニーさんがいて、康珍化さんや松本隆さん、宮下智さんも……。

錦織　本当にそう。

——だから名だたるクリエイターの人たちも、「少年隊という打席」に立つ時は武者震いをしていたんじゃないかと。言い訳がきかないと言いますか。「ここが勝負どころだぞ。この打席はそういうものなんだ」と。「天覧試合」でホームランを打った長嶋茂雄さんのような。

錦織　〝記録〟じゃなくて、〝記憶〟に残る打席ということだね。

――2009年のWBCの決勝戦で、試合を決めたイチローさんのあの打席のような「ここで勝たないとダメだ」という瞬間が、作り手にも絶対あるはずで。京平さんのような実力者にもそう思わせるような力が、少年隊にはあった。少年隊というのは、そういうアーティストだったと思うんです。

錦織　そうであったとしたら嬉しいけどね。「少年隊というのはどんな場所なの?」「なんで人が寄って来るの?」と思ってもらえたとしたら。みんな俺たちの可能性が好きだったのかもしれない。演劇の関係者にも、「あいつらの芝居を見たら、何かできるんじゃないかな」と思ってもらったり。俺たちに可能性を見出した人たちが集まってくれたんだよね。

――「俺たちの可能性」。

錦織　「踊りが上手」とか、取っ掛かりはそれでもいいんだけど、それだけではなくて、俺たちが踊っているその向こうに何を見出すか――。ジャニーさんも筒美先生も、俺たちにいろいろとやらせてみたくなっちゃうのは、俺たちに可能性を見るからだろうと。

――「可能性を見る」というのは、そこにある〝実力〟だけではなくて、「自分ならここまであいつらを引っ張り上げられる」という〝伸びしろ〟まで見据えているということですよね。〝実力〟というと、その時点でのものですが、〝可能性〟というと「あの3人の力をもっと引き出せる」となるじゃないですか。

錦織　ジャニーさんは最初から俺たちに〝可能性〟を見出してくれたんだと思う。筒美先生を含めたそれ以外のスタッフが〝可能性〟を見出すようになったのが、1987年頃からだったかもしれない。「歌手なのになんで1か月ミュージカルをやらされてるんだろう?」とか、「なんでハワイでレコーディングしたり、ロスに行ったりとかするんだろう?」「筒美先生も何で俺たちにブロウ・モンキーズみたいな楽曲を歌わせるんだろう?」って思ったけど、どれも俺たちの可能性を引き出すためだったんだよね。それは本当にありがたいことだったんだなということは、自分も演出をして後進を指導する立場になった今は、痛いほど理解できるよね。

――まるで少年隊という「実験室」「ラボ」ですよね。最高にして究極のエンターテインメントを生み出すための……。

錦織　そうした可能性と実験が高いレベルでマッチしたのが、少年隊という〝場〟だったのかもしれないよね。

第10章　この先があるように踊れ——錦織一清のダンス論

服を着こなすように踊る

——ダンスについても話を伺いたいと思います。当時の人々はバク転やバク宙といった派手なアクションばかりに目がいっていて、少年隊のダンスのクオリティを正確に理解していたかどうか怪しい、という話をしました。しかし最近になってジャニーズの後輩のみなさんが少年隊の踊りを絶賛したり、少年隊を知った今の10代、20代の若者が「こんなに凄い人がいたのか」と驚くなど、再評価の兆しがあります。

錦織　それは本当にありがたいことだよね。例えば、グラスを片手に軽く体を動かしただけでも、玄人はその人のダンスが上手いかどうかはすぐわかる。普通の人が見てもよくわからないかもしれないけど。どうしても派手に奇抜に動いている人に目がいっちゃうでしょう。地味なんだけど、そこには凄いテクニックがある。その地味だけど、本当は難しいところに、俺自身がハマっちゃった部分はあるよね。

――そういうダンスにおけるプロの技巧とは別に、錦織さんは「振付は振付でしかない」とよく言われますよね。

錦織　そう。振付は、覚えたらできるもの。1000回練習すれば絶対覚えられるから。だから前にも言ったようにマイケル・ジャクソンのダンスにしても、振付の部分よりも、ダンスの癖が自然と出た瞬間が一番好きだから。

――やはり『PLAYZONE』や『君だけに』の振付を担当した、山田卓先生との出会いは大きかったんですか？

錦織　大きかったね。あの時期だったからよかった。必然だったと思いたいぐらい。卓さんのダンスは、シアター系ジャズというのかな。もとはクラシックバレエをやっていて、それこそ宝塚や劇団四季の作品を多く手掛けている。

――そのジャンルのダンスは、3人にとっては初めてのものだったのですか？

錦織　俺は西野バレエ団の先生に習った時期も長かったので、ジャズダンスは初めてじゃないの。どちらも根本にあるのはジャズダンス。だけど、卓さんのは削ぎ落とした感じの踊りで、かなり渋いんだよね。

——削ぎ落とす、ですか？

錦織　実はそれが一番テクニックが必要で、どう見せるのかが大変なんだよ。

——なかなかダンスを言葉で表現するのは難しいと思うのですが、僕みたいな素人にもわかるように、そのテクニックなどを教えてほしいのですが。

錦織　テクニックというより、基本的には踊りをどう捉えるかなんだよね。うーん……例えば、スーツを着るとするじゃない。高級で仕立ての良いスーツを着るのがカッコいいんじゃなくて、たとえ量販店の廉価なスーツでも着こなし次第ではカッコよく映るでしょう。要はその人間の着こなしだと思うんだよね。踊りもそれと同じようなところがあるの。

——サイズ感が合っているかどうか。

錦織　サイズもそうだし、着こなし方、着こなしの上手さ。着崩れちゃいけないし、スーツに着られてもいけない。どんなに高いブランドのスーツを着ても、全く似合わない人もいるじゃない？　それと一緒。踊りって洋服みたいなものだから。その振付を踊りこなせるのか、ということ。そうでなきゃ、ただ踊らされているだけだもの。似合わない、身の丈に合わない振付を踊っているだけということになる。踊り方、回り方もそうだし。目線の使い方ひとつにしてもそう。その〝こなし〟具合がわかる人は、「ああ、あいつカッコいいな」となる。それが「まるで服を着こなすように踊っているね」ということ。だから一番カッコいいのは、振付があったとしても、それがあたかも自分でやってる仕草のように見えたら最高じゃないかな。

——いかにして自分のものにするか、ということですね。

錦織　そうそう。例えば灰を灰皿にどう落とすかとか、タバコの吸い方ひとつでも追求するべき点はたくさんある。踊りも同じなんだよ。そういうところを繰り返し、繰り返し追求していく。その積み重ねによって、ようやく「着こなし」ができてくる。その部分を疎かにして振付を完璧に覚えても、それは踊りじゃなく振りができるというだけのことだから。

永遠の微調整

——これまで錦織さんは、少年隊の曲からミュージカル、舞台など、あらゆるタイプのダンスを踊ってこられたと思うのですが、実際にそれらの踊りをどのようにして「自分のもの」にしていったのかを聞いていきたいと思います。

錦織　これまでダンスの話はあまりしてこなかったけど、いい機会かもしれないね。

――例えば少年隊の新曲ができて、そこに振りがつくわけじゃないですか。それをそれぞれ振付の先生から教えてもらうわけですよね。でも、錦織さんのダンス論を引用すれば、そこからその〝服〟を自分なりに着こなさなきゃいけない。その作業というのは具体的にはどのようなものなのですか？

錦織　最初はたしかに〝服〟なんだよね。それに袖を通してみて、動いてみて……と徐々に確認していくんだけど。それこそ男闘呼組の高橋和也や中村繁之が、俺が合宿所の大きな鏡の前で一晩中同じことを繰り返してやってるのを目撃しているはずだよ。テレビやなんかで忙しい時でも、「自分がどこに手を上げているか」とか「足はどう伸びているか」とか、鏡を見ながら繰り返し繰り返し頭の中に叩き込んでいた。途中からは目をつぶって、それでも変な動きになっていないかとかね。鏡を見ないと変な型になっちゃうのは、まだ踊れていない証拠だから。

――踊っている自分を真上から俯瞰で見るようにして、確認している感じですか？

錦織　「手を30度の角度に上げるのか？」なんてことはどうでもいいの。実は、そんなに変わりはない。ただ、その時に体の重心をどうキープするか、バランスをとるかが重要で、そのためには目線を意識する必要がある。これが大事で、クラシックバレエの人たちはみんな知っていること。身体を倒した時の目線の定め方、目線の行くところを意識して身体のバランスをとるようにしたり。だから、鏡を見ながら踊るだけじゃ上達しない。「こっち向いて」と言われた時に、そっちを向く振りまで自分で確認しないといけない。早くピョンと横を向くとしたら、その時に鏡から目線は外れるわけじゃない。いつまでも鏡と勝負しても仕方ないのよ。だから鏡に頼らなくて済むように、全ての動きを自分の中に詰め込む作業をして、とにかく徹底的に身体に覚えさせなきゃいけない。

――それを繰り返し、繰り返し……。

錦織　こっぴどく、こっぴどく、ね。ゴルフのスイングにも似ているよね。必要以上に力んじゃって、スイングが大きくなるのをオーバースイングというんだけど、そうならないように軌道をコンパクトに修正していかなきゃいけない。ダンスもそれと似ていて、永遠に微調整していく。

――気が遠くなりますね……。

錦織　だから完成させるまで、それなりに時間がかかるもんだよ。

――当時はずっと忙しかったのに、よくその時間がありましたね。

錦織　それは事務所の後輩もＬＤＨのみなさんも、みんなやっていることだからね。

――それこそ少年隊の場合は、新曲の踊りだけ覚えればいい、というのではないじゃないですか。『ＰＬＡＹＺＯＮＥ』では、一度の舞台で何十曲も覚えなきゃいけない。台詞も演技もある。錦織さんは、振りが届いてすぐ覚えてしまうのですか？　一回見ればわかるものなんですか？

錦織　わりと覚えるのは早かったね。でも、問題はそこからだよ。

——振りを覚えて、それを吸収して飲み込んで、さらにどう映るか——その確認作業を一晩中やっていたわけですか？

錦織　そう。そうした確認作業の必要性というか、「あ、俺もこういう風にやらなきゃダメなんだな」と身に染みて思ったのは、トシちゃんの練習を見ていたからなんだよ。あの人もずっと合宿所の鏡の前で練習していたから。西条満先生の振付を一晩中こうやってマイク持ちながら、なんだかんだと言いながら練習してたのよ。その努力たるや凄いもんだよ。その姿を見ていたら、トシちゃんが「今、振付が終わったけど、これを100回ぐらい叩き込まないと、踊りは絶対に自分のものになんないぞ」って俺に言ったの。その言葉がずっと忘れられなくてね。

点と線

——いい話ですね！　ただ、そこまでは錦織さん個人の作業ですよね。それからは少年隊の3人で合わせないといけないわけですよね。それはまた違う確認とプロセスが必要になってくるんじゃないですか？　ステージ上で3人がどう映えるか、そこを考えないといけないとか。

錦織　3人がそれぞれ振りを覚えた段階で、もうカウントは合ってるんだよ。踊り方は、三者三様でいいんです。人がパッと見た時に、その違いはあまりわからないと思うけど。わからないけど、俺たちはバチッと合わせられるんだよ。俺は踊りで一番カッコいいのはビート感だと思っているから。ビート感がバチッと合っていれば、多少型が違っても、揃って見えたりするんだよね。

――そういうものなんですか。

錦織　北朝鮮のマスゲームじゃないんだから、一挙手一投足を完璧に揃える必要はないの。大事なのは、ビート感を合わせること。

――ビート感が合っていれば、多少角度が違っても……。

錦織　俺と東山の踊りって違うんだよ。ちょっと違う感じに踊ってるじゃない？　だけど、俺と東山の音の感じ方は似てるのよ。東山もアフタービートの「ツカッ、トトンッ」っていうのを知ってる。だから俺も「トトンッ」って。そこで俺と東山は合うんですよ。どこで止めたらいいかがわかっている。

――そこはもう暗黙の了解で。

錦織　暗黙の領域なの。東山もマイケル・ジャクソンが好きなようにブラック・コンテンポラリーが好きだから、そのあたりのアフタービートについては、自然と身体にインストールされているから。

――植草さんはどうですか？

錦織　えーと……一生懸命俺たちに付いてきていました（笑）

――ハハハ。

錦織　懸命に努力をされていたようです（笑）

――東山さんとは踊りのタイプは違うけど、ポイントはきちっと合うんですね。

錦織　そうだね。

――その違いを言葉で表現すると、どうなりますか？　錦織さんはどういう踊りで、東山さんはどういう踊りか……。

錦織　東山は、いわゆるフォルムが「スポーン」という感じで。決まった時の「パチッ」という、ポージングの「トンッ」って止まったところに特徴がある。そこは細部にまでこだわるから。「トンッ」って止まった時にカッコ悪い型は嫌なのね。「止まった時は、こうなってるはずだ」という確固たるポリシーがある。

――なるほど。

錦織　でも、俺が踊りの中で好きなのはちょっと違うのよ。カウントで「ワン・ツー・スリー・フォー」とある中で、「1のここが好き、2が好き、3が好き」じゃなくて、1と2の間の「グルーヴ」が好きなんだよ。腕が下から上に行く間の通過点を意識する。「ここをどういうふうに通るんだろう？」と考えるのが好き。

――動きのプロセスの部分を意識するということですか？

錦織　そうだね。例えば、旅に出るとして、目的地に到着すること自体が好きなのではなくて、「車を運転している道中が好き」ってこと。道中にこだわりたい。踊りも一緒。グルーヴ感とドライブ感。目的地はどうでもいいの。

――面白いですね。ということは東山さんは〝点〟を意識しているということですか？

錦織　そうだね。東山は点をきれいに打つというか、それを意識しているかもしれない。

――一方で錦織さんは？

錦織　その間だよね。点と点を結ぶ〝線〟を意識する。その線をいかにスムーズにグルーヴィーに見せるか。

――その違いというのは、自然に棲み分けされていったんですか？　それともふたりの間で「俺は点で行く」「じゃあ俺は線で行く」みたいな話があったのですか？　そもそもふたりの素質の違いなんですか？

錦織　単純に東山は自分でそう思って踊っていて、俺は俺で踊った結果というか。そう言うと大きく踊りが違うように思えるかもしれないけど、パッと見では同じに見えるというか、乱れてないのよ。

――貴重な話ですね。それを聞いて少年隊のダンスを見ると、また違って見えるというか、より奥深く感じることができる気がします。

「その先」にある可能性

錦織　踊りのビート感で大事なのは、カウントを取る時に、例えば「ワン・ツー・スリー・フォー」ってやるじゃない？　俺はアフタービートなの。四分音符一個の中に、「ワン」と言うと二文字あるでしょ。ソウルダンスというのは、「ワンッ、ツー」って踊るのよ。「ワン」は「ン」の方でリズムを取る。若干遅めというか、それがアフタービート。

――ただダンスにしても曲によって大きく違うじゃないですか？　例えばアッパーなポップソングを踊るのと、ミュージカルでは違ってきますよね。

錦織　でも、音の感じ方は普遍的なものだから。ジャズであってもソウルであってもクラシックであっても。ジャズだってアフタービートで取った方がカッコいいから。

――音楽のジャンルも関係ないということですか？

錦織　関係ないの。少しアフター気味なのがいいんだよね。名倉加代子先生によく言われたことがある。「ニッキ、踊りはゴムを最後まで伸ばし切らない方がいいわよ。ここからちょっと伸びるぐらいのところで止めたほうがカッコいい」って。

——伸ばし切らないのがいいと。

錦織　そう。「まだまだ、ここの先があるね」と感じさせる踊り。グルッと回って、スッと止まった時の爪の先から、「実はもう少し手があるんじゃないか」って見えたほうがいいじゃない？　自分の手の長さを「本当はこのぐらいあるんだよ」っていうふうに思って踊った方がいいっていう話。

——その先があるように。

錦織　それは東山の存在も大きいのよ。俺が、その先もあるようにスッと大きめに踊らなきゃいけなかったのは、東山に刺激を受けていることも大いに関係がある。というのも、東山の方が身長が高かったから、大きめに踊らないと東山の身長には追いつかない。あいつの手足の長さに追いついて見えるように踊らなきゃいけない。

——錦織さんの身長が１７２センチで、東山さんが１７８センチですね。

錦織　その６センチの差が大きかったから。

——なるほど。そういう理由もあったんですね。でも、「この先があるように踊る」って、凄くすてきなフレーズですね。

錦織　でしょう？　東山と一緒に踊る時、東山が「スーッ」と足を広げたとして、俺はその分がんばらなきゃいけなかったりする。そうじゃないと揃ってないように見えるから。

――そのようにして少年隊のダンスのクオリティが高まっていったんですね。しかし、「この先があるように踊る」というフレーズは、先ほどの「少年隊という〝可能性〟」の話にもつながってきますね。

錦織　そうだね。「その先」というのはイコール「可能性」ということだからね。東山はやっぱり体格的にも恵まれているからね。俺はさほど恵まれていない。東山の場合は、「ここが行き止まりだ」というのをちゃんと見せるような踊りになる。それが決まるわけだし。「終着点、パチンッ！」と。でも、どうしても俺はそれでは決まらなくて。「ニッキ、最後のポーズはこれで決めてくんない？」と言われても、照れ臭くてできないんだよね。

――「決め」たくないんですね。

錦織　なんかさあ「決め」はいいのよ。まだ先があるように踊っていたいのよ。

歩くように踊りたい

――ちなみに、踊りというのは年齢とともに変わっていくものなんですか？

錦織　うーん……。俺は若い頃の自分の踊りを見ていると、カミソリのように本当に全力疾走で踊ってるなと思うんだよね。若い頃は「全力疾走で踊ろう派」だった。だけど徐々に、30代ぐらいになると、今度はマラソンをしているみたいに踊るようになっている。今は50を過ぎて、あと数年で還暦だけど、「あいつは歩いているみたいに踊っているね」って言われたい。

――歩くように踊る。

錦織　歩いているように、ゆったりとしたビート感で。若い頃に「スッカーン！」と踊ってきたから、多少抜いたとしても、押さえるとこはわかっているからね。

――50代の錦織さんのダンスをみんな見たいと思ってるはずです。

錦織　「さあ、いよいよ歩くように踊る時が来た」って（笑）。カッコいいじゃん。チャチャチャで、ゆったりと。

――ダンスには「今を楽しむもの」というような享楽的なイメージがありますけど、「この先があるように踊る」というと、享楽のその先があるようで、何か哲学的でもありますね。「歩くように踊りたい」というのもまたしかりで。

錦織　それも可能性だよね。「可能性がある踊り」というか。

――本当に。少年隊というのは「可能性の集合体」。みんなにとっての可能性だったのかな、と。ジャニーさんにとっても、京平さんにとっても。3人にとっても。そしてその可能性は、今も失われているわけではないという。

錦織　そういうことだね。

「君のダンスには怒りがある」

——素朴な疑問なんですが、踊っている時に錦織さんは何を考えているんですか？

錦織　うーん……。

——何に向かって踊っていたのか、でもいいのですが。

錦織　たまにこうやって誰かと一緒に昔のパフォーマンスを見たりするけど、若い頃の踊り方には怒りがあったよね。たしかにいつも何かに対して怒ってたのよ。だから凄いスピードになっちゃう時もあった。「パパパーン！」って何かに怒りがある。これはあまり人に言ったことはないけど、昔のビデオを見て「凄いじゃん。キレてるね、この踊り」なんて言われるけど、タイムマシーンがあるんだったら、その当時の俺に言ってあげたいもん。「もう少し楽しそうに踊れよ、お前。踊りは楽しいものなんだから」って。

——自分で見ていてわかりますか？

錦織　わかる。何かを跳ね返したくて踊っている。

――それはフレッド・アステアと同じじゃないですか。モータウンの25周年記念コンサートでマイケルはムーンウォークを初披露したのですが、それをテレビで見たフレッド・アステアが「君は怒れるダンサーだ。私と同じだよ。私もステッキを使って同じことをやったものさ」と言って大絶賛したんですよ。

錦織　へー、そうなんだ。

――「君のダンスには怒りがある。僕と同じだ」とフレッド・アステアが。マイケルも人種差別に直面していたし、フレッド・アステアもユダヤの血を引いているでしょう。そうした背景があるから、「俺のダンスには怒りがある。そこが似ている」と言われてマイケルは喜んだそうです。

錦織　わかるような気がする。

――何に怒っていたんですか、錦織さんは。

錦織　いろいろと辻褄の合わないこともあったからね。不条理というか。

――どこかで「なにくそ」という気持ちが常にあったんですね。

錦織　それはあったと思う。だから昔の俺が踊っているのを見ると、その時の感情が見えるから、ちょっと辛くなってくるのよ。植草は、踊らされていることに怒りながら踊ってたけどね（笑）。俺の場合はその怒りじゃないから。

錦織　「なんでこんなに働かされなきゃいけないんだよ」っていう（笑）

——錦織さんはそういうことじゃなくて、もっと何かいわく言い難い、もっと観念的な何かに対して怒っていたわけですよね。アイドルとして軽んじられることとかでしょうか？

錦織　ただ、皆から評価されたりしたのはそこなんで。「反骨」ってことでもないけど、何かに立ち向かっていた。そういうところも含めて好きになってくれるんだなあと思って。

——見ている人はそこにエネルギーとパワーを感じたのでしょうか？

錦織　そう思うと、怒っていて正解だったかもしれないね。

——いろいろと制約があるから、それを越えた時に爆発が生まれるんでしょうね。

錦織　歌と踊りのミスマッチというか、「この歌詞で、何でこの動きなんだ」と思うこともあったから。

——それでも歌って踊らなきゃいけないわけですよね。

錦織　それはもちろんプロだからね。歌はあくまで3人で歌うものだから、何とかなるもんだよね。少年隊にも『日本よいとこ摩訶不思議』なんて曲もあるぐらいだから。

——『仮面舞踏会』のB面のひとつですよね。野村義男さんの作詞・作曲で、後に嵐もカバーしています。

錦織　『三味線ブギ』なんて曲もあるよ。

――あれは最高。

錦織　最高でしょう？　だからナンセンスというか楽しいだけの曲も俺たちにはたくさんある。それに俺らは３人で歌っているわけだから、ソロ歌手とは違って、詞の中にアイデンティティがあるかどうかまではわからないし、それに引きずられても仕方ないというか。

第11章　師弟関係——ジャニー喜多川と錦織一清

陸軍ジャニー学校出身のジョン・ランボー

——先ほど「アイデンティティ」という言葉が出ましたが、ジャニーズは政治的なメッセージを打ち出したりするようなことはしないですよね。それがジャニーさんの方針なんですか？

錦織　ジャニーさんは政治が嫌いなのよ。昔、「夜のヒットスタジオ」で事件があったでしょう。司会の前田武彦さんが知り合いの共産党の参議院選候補者の当選に対して「バンザーイ」と本番中に言って降板させられた事件。その話をよくジャニーさんはしていたから。ジャニーさん自身はノンポリだったと思うけど。

――ジャニーさんは戦争を経験した世代ですよね。

錦織　それはそうだけど、政治的志向がどういうものだったのかはわからない。米軍について朝鮮戦争に行っていたとか言われているけど、前線にいたわけじゃなくて、養護施設にいた子供たちを助けていたりしたと聞いたけどね。合宿所でジュニアにご飯を作ってふるまうのも、そんな経験があったからじゃないかな。

――そういった話を本人から聞かされたわけではないのですね。

錦織　あまり自分の話はしなかった。パスポートも見せなかったし、正確な年齢も最近になってわかったぐらいで。

――〝人間・ジャニー喜多川〟を、長く一緒にいた錦織さんにも見せなかったと。

錦織　そこはミステリーだよね。ごくたまにポツリと「埼玉の朝霞基地によく行っていた」とか言ってたけど。それも俺のお袋の知り合いが東武東上線沿線に住んでいて、「ジャニーさんはあのあたりのことはよく知らないでしょ」と聞いたら、「いや、僕はよく知ってるよ。川越街道が舗装されてない時代は……」なんて、俺より全然詳しかったり。

――そういう話がポツリポツリと出てくるぐらいで。

錦織　「YOUたち、そんな経験ないと思うけど、飛行機に電車みたいに横に座って、パラシュート背負ったことないでしょう」とかね。時々思い出したように言うんだよね。

——エンターテインメントはどうだったんですか？『ウエスト・サイド・ストーリー』を見て感激したというのは有名な話ですが、フレッド・アステアやマイケル・ジャクソンが好きだとか、特別好きなアーティストはいなかったんですか？

錦織　ジャニーさんは『ウエスト・サイド・ストーリー』の見せ方というか、ルックの部分は好きだったと思う。けれどそこにあるメッセージには興味がなかったと思う。あの物語はハッピーエンドではなくて、シュールな終わり方をするでしょう。「民族対立」というメッセージも含んでいるけど、その部分には興味がなかったんじゃないかな。

——なるほど。

錦織　そこは俺とも意見が分かれるんだよね。『ウエスト・サイド・ストーリー』の主役はトニーとマリアで、『ロミオとジュリエット』のような物語構造をしている。つまり、惹かれ合う男女がいるけど、お互いが関係するグループは敵対しているという古典的なもの。その二人が互いの気持ちを確かめるシーンで歌われるのが、有名な『トゥナイト』という曲で。俺はこの曲は物語的に大事なものだと思うのね。

——僕もあの曲は大好きです。

錦織　それなのにジャニーさんは、「僕はあの曲嫌いなの」って。「いやいや、好きとか嫌

いじゃなくてさ」（笑）

——ハハハ。

錦織　ジャニーさんが『ウエスト・サイド・ストーリー』で一番好きな曲は、『クール』なの。ああいった躍動感のある曲が好みなんだよ。だから物語がどうとか、メッセージがどうとかではなくて、本当に音楽的な観点だけで評価するんだよね。少年隊でも、『君だけに』の時にメリーさんが反対したと言ったけど、ジャニーさんも相当迷ったはず。いかにも『トゥナイト』のようなバラードだから。

——ここまでいろいろとジャニーさんの話を聞いてきましたが、ジャニー喜多川という人は、「誰が入ってもひとつの〝形〟になるグループというのを求めた人だったのかな」と僕は思っていて。個人個人の能力を最大限に活かすというよりは、あくまでグループとしての〝形〟を大事にするというか。宝塚のような永遠に続くイメージ。それをプレイヤーだった錦織さんを前にして言うのは、ちょっと気が引けるのですが。

錦織　いや、俺はそれでいいのよ。俺にとってはジャニーさんが唯一のボスだから。そもそも俺がジャニーさんの兵隊になろうと志願したわけであってさ。「行け！」と言われたら、どれだけケチョンケチョンに言われても行くしかない。どちらかというと、俺は任務遂行型の人間なんだよ。もちろん俺自身の考えというのはちゃんとあるよ。ただ、ジャニーズ事務所にいる限りは、ジャニーさんの命令は絶対だと思ってやってきたから。

――実際ジャニーさんが亡くなるまで事務所から離れなかったわけですし。

錦織　その間に「俺って何？」と自問自答したことが何度もあった。ある日思ったのは、俺は「ジャニーさんが創り上げたランボー」だったと。

――映画の『ランボー』ですか。シルベスター・スタローン。

錦織　そう。それだけジャニーさんに技術を仕込まれたということ。それもかなり特殊なね。だからゲリラ戦には強いよ（笑）。以前からよくジャニーズ事務所を幕末の「松下村塾」にたとえていたけど、「陸軍中野学校」だったかもしれない（笑）。そこで訓練を積んだスパイかもね。

――しかも1977年からなので、かなりの古株ですよね。その学校を共に作り上げたと言ってもいいぐらい。

錦織　「任務遂行型の兵隊」と言ったことと矛盾するけれど、ジャニーさんの訓練を受け続けていると、同時にボスに反発する心も養われてくるわけ。なんたって、「ジャニーズ事務所の一番のアンチはジャニーさん」だから。

――なるほど。

錦織　俺がガキだったからかもわからないけど、ガキの時は肉体じゃなくて精神が成長しているところを見せたがるんだよね。だから、ジャニーさんとも考えが違ってぶつかるようなこともどんどん出てくる。24、25歳ぐらいにもなると成長を見せたくなって、嚙みつくことだってあった。阪神時代の江本孟紀さんじゃないけど、「ベンチがアホやから仕事がでけへん」みたいに。ボスに忠実な兵隊の部分とそのボスに反発する部分――その両方があったのは確かだね。

複雑な師弟関係

――ジャニーさんと錦織さんの師弟関係をよく表していますね。ジャニーさんを信頼して「ついていこう」と思いつつ、どこかで反発しているというか。

錦織　俺はね、何か話を振られて、「それは俺はやれない」というのは嫌いなの。そうじゃなくて、「俺はやらない」なの。「できるけど、やらないだけだよ」って言いたいんだ。

――そのふたつは全然違うと。

錦織　似てるようで違うのよ。「〝やれない〟んじゃないんだよ。〝やらない〟方がいいと思うからやらないんだよ」という生き方をしてみたかった。ミュージカルにしてもそう。少年隊として『PLAYZONE』を続けながら、1988年には単独で『GOLDEN BOY』にも挑戦した。両方経験してみないと、ミュージカルの何たるかはわからなかったから。

――両方とも「ミュージカル」じゃないんですか?

錦織　そこもやってみないとわからなかったんだけど、『PLAYZONE』は『PLAYZONE』というジャンルで、それを〝ミュージカル〟と呼びたくない自分がいるのよ。

――あくまでも『PLAYZONE』というジャンルだと。

錦織　そう。というのも、やっぱり『PLAYZONE』というのはジャニーさんが俺たちを使って自分のやりたいことを具現化したもので、どちらかというと『PLAYZONE』を〝ミュージカル〟というよりは、〝レビュー〟にしたかったんだよ。もともとジャニーさんはレビューが好きだから。

――レビューというのは、昔の日劇でやっていたような歌と踊りを中心にした舞台のことですか?

錦織　そうそう。それが先ほどの『ウエスト・サイド・ストーリー』の話にもつながる。あくまでジャニーさんは物語として重要な『トゥナイト』という曲ではなくて、『クール』という曲が好きだということ。つまり、物語性を重視するのではなくて、『クール』やマイケル・ジャクソンの『ビート・イット』のような躍動感のある曲ばかりが2時間続く舞台を観たい人。もちろん、それは悪い意味で言っているんじゃないよ。けれど、それが

『GOLDEN BOY』のようなドラマ性のあるミュージカルを経験した身としては、はたして〝ミュージカル〟と言えるのだろうか？　目指すものなのだろうか？　そんなことを凄く考えるようになったんだよね。

——キャラクターの内面や物語性を重視するのではなくて、あくまでスペクタクルの連続を大事にするということでしょうか？

錦織　そういうこと。ジャニーさんは、高級な松花堂弁当なんか必要としていない。ああいったバランスの取れたお弁当を求めているわけじゃない。「ここに煮物と焼き物があって、ご飯がある」というお弁当ではなくて、ウインナーとハンバーグと唐揚げがドーン！と同じお弁当に入っていて、さらにカレーをかけるという（笑）。ジャニーさんはそういうのが大好きな人だから。

——で、そこに「旗」を立てると。

錦織　そう。でも年齢を重ねてくると、「そろそろ松花堂弁当で勝負したいな」と、こちらも思うようになってくるわけ。

——足し算ばかりじゃなくて、引き算も大事にしたいと。

錦織　まさに。京野菜なんか使っちゃってさ。でも、そこにカレーをかけちゃったら、台無しになるじゃない（笑）。ジャニーさんは松花堂弁当にも「ほら食べやすくなったでしょう」とか言って、平気でカレーをかけちゃうから。そういうせめぎ合いは、俺が25歳前後、つまり1990年前後にはもうあったよね。

——なかなか複雑な師弟関係ですね。

錦織　それは誰しもが経験することじゃないの。俺が『GOLDEN BOY』に主演をした時、ジャニーさんの中で何か弾けたんだろうね。「YOU、凄くいいよ。ずっとこういう役をやってな」と言われたから。

——それはジャニーさんの中でも変化があったんでしょうか？

錦織　どうだろう……。『GOLDEN BOY』の最後に俺が「頭なんて下げねえよ！」と怒り狂って踊るシーンがあって、そこにかかるのが『ノーモア』という曲。それをジャニーさんは気に入ったみたいね。最近ジャニーズでやっている『DREAM BOYS』という舞台もこのシーンから発想したんじゃないかな。

——『GOLDEN BOY』の錦織さんを見て、ジャニーさんにも変化があったんでしょうね。

錦織　そうかもしれない。ただ、こちらとしては、16歳の時に着させられた服を、20歳過ぎても着させられると、何かむずがゆくなってくるんだよね。身の丈に合わなくなってくるというか。だからいい加減、新しい服を着ないといけないのよ。

理想は沖田総司と牛若丸

――そういった意味では、1987年の『君だけに』は新しい服だったのかもしれませんね。

錦織　精神的な意味ではね。ジャニーさんによくディスコに連れていかれたんだよね。でも、ジャニーさんはチークダンスが大っ嫌い（笑）。こちらとしては、女の子とも踊りたいじゃない？

――ロマンティックなバラード的要素は求めていないというか。

錦織　恋愛感情には鈍感な人だったからね。好きだったのは、幕末の新選組や白虎隊。「YOUさ、『ホワイトタイガー』というタイトルを付けて、白虎隊の話をアメリカに持って行こう」と言うぐらい好きだったから。

――男女のロマンスは関係ないと。

錦織　俺が初めて見たジャニーズ映画はフォーリーブス主演の『急げ！若者』で、それはヤクザと抗争になって最後はコーちゃん（北公次）が刺されて死んじゃう話。その後釜に郷ひろみさんが入って、最後にみんな歌って大団円という展開。とにかくカタルシスが好きなんだろうね。たのきん映画の『青春グラフィティ　スニーカーぶるーす』も、やっぱ

り最後はトシちゃんが死ぬ（笑）

——そこは一貫しているんですね。

錦織　それはずっと変わらなかったよね。新選組でも、ジャニーさんが好きなのは近藤勇でも土方歳三でもなくて沖田総司。最後は病気で死んじゃうでしょう。

——ジャニーズでもいろいろな方々が演じています。

錦織　トシちゃんや東山もね。とにかくジャニーさんは沖田総司をやらせたがるのよ。たぶん、ひろみさんも演じていたと思う。それだけ好きなんだろうね。俺は大河ドラマ「峠の群像」で吉良上野介の配下である清水一学の役を演じたけど、忠臣蔵の四十七士でジャニーさんが一番好きなのは大石主税。真田十勇士で一番好きなのは猿飛佐助だと思う。少年隊で『ザ・サスケ』というミュージカルをやったぐらいだから。大石内蔵助にも真田幸村にも興味がない。あとは源義経だね。

——滝沢秀明さんが大河ドラマで演じていました。

錦織　もっと言えば、義経でもなくて牛若丸。出世魚が出世しちゃうと嫌なんだろうか（笑）。いつまでも牛若丸であってほしいのかもしれない。

——それはジャニーズの本質をついているかもしれません。

錦織　ただ、その中にいた人間からすると、ずっと牛若丸でいるのも辛いのよ。さっき言ったように精神的にも成長するから。ずーっとマーク・レスターでいなきゃいけないのは辛いのよ。アル・パチーノやロバート・デ・ニーロを目指したいのに、そればかり求められるのもなかなか大変なんだよね。

ジャニーズ事務所＝円谷プロ説

――そうしたジャニーさんの確固たる理想が、ジャニーズ事務所という唯一無比の存在を生んだのもまた事実なわけですよね。

錦織　もちろん。これは俺の分析だけど、ジャニーズ事務所の在り方と円谷プロはそっくりなんだよね。円谷プロは、どの時代になっても「ウルトラマンタロウ」や「ウルトラマンティガ」とか、次々と「ウルトラマン〇〇」を送り込むじゃない。

――たしかに少しずつアップデイトさせながら、その原型はキープしていますよね。

錦織　そうでしょう？　それが初代ウルトラマンの時代から50年以上続いているんだから。

――手を替え、品を替え。

錦織　そっくりだよね。次から次に現れるじゃない。売り出し方がそっくりなんだよね。

――昔ウルトラマンをやっていた人が、今度は隊長役をやってみたり。

錦織　後輩のウルトラマンのために一緒に戦うこともある。それで3分のポップソングを歌う。

――なるほど（笑）

錦織　そっくりだと思うんだよ。そこに気づいたひとつのきっかけが『GOLDEN BOY』だったのかもしれない。あの舞台に出演したことが、「ウルトラマン」からの卒業で、やっぱり大きな転機だったと思う。

――それで怒りながら踊ってたわけですね。

錦織　外面はウルトラマンだったかもしれないけど、その正体は下町の若者だったからね。

――アイデンティティの根幹はそこにあったんですね。

錦織　やっぱり下町のあんちゃんなんだよね。サンダル履いて、グロリアに乗って、カーステレオからはキャンディーズみたいな。「それがとっぽくていいね」みたいな価値観から、今も離れられないというか卒業できていない。

――「銀色のリムジン」じゃなくて、グロリア（笑）

錦織　それが仕事だったわけだけど、根は下町のあんちゃんだから、本当はキラキラした衣裳なんか好きじゃなかった。服を着飾るんじゃなくて、「男というのは内面を輝かせてなんぼだろう」と思っていたから。

――もしかして錦織さんのイメージカラーである赤も好きじゃなかったんですか？

錦織　それはＣＭに出演した時に決められたイメージカラーだからね。当時から俺が一番好きな色はブルーなんだよ（笑）

――そうなんですね（笑）

錦織　もっと言えば、ネイビーブルーだね。いわゆる紺のスーツや紺のジャケットが好きで。普段着はブルックスブラザーズの紺のブレザーやアクアスキュータムだったり、そこにチノパンを合わせるようなトラッドが好きだったから。

――そこは下町の「ヤンキーファッション」ではなかったと。

錦織　さすがにね（笑）

もうチェーン店の店長はできない

――最後に、ジャニーズを退所した錦織さんがこれからどのような道を歩んでいくか、その話を聞きたいと思います。

錦織　50代の後半になったけど、俺にしたら次に行く時間が足りなくて……。

――ジャニーズを退所されてからも演出の仕事を続けていますし、２０２１年10月には、ソロ・アーティストとして新曲も発表されました。光栄なことに僕も一緒に曲を作らせてもらって。これからも歌や俳優の仕事を続けるのですよね。

錦織　それももちろん続けていきたいんだけど、演出の仕事にはこだわりたいよね。それに関しては、暗中模索の状態で始めて、何年もかけて自分で摑み取ったものだから。気づくと演出作も『PLAYZONE』の本数を超えている。

――23本以上あるということですね。

錦織　そう。こればかりは自分の力で摑んだものだから。もちろんこれまで話をしてきたように、少年隊のどの作品にも思い入れはある。でも、それは何度も話してきたように俺だけの力で成し遂げたものじゃないのよ。ジャニーさんやメリーさんがいて、東山と植草がいて、他にも多くのスタッフに支えられて続けてきたもの。例えるならば、それは少年隊という巨大チェーン店の仕事なんだよね。そのひとつを俺は任されたわけで、いわばチェーン店の店長だった。で、入所から45年、デビューから37年が経って、ようやく〝独立〟したのが今なわけ。

――ようやく〝自分の店〟を出したと。

錦織　そうすると、「昔の店のメニューを出してよ」と言われても複雑な気持ちになるじゃない？　「俺は今、こっちの店をやっているんだけど」と言いたくなるじゃない。その需要があることもわかっているし、こうやって振り返ることは大事だと思うけど、この先何がやりたいか考えると、ちょっと違うかなと。全国展開のチェーン店に勤めてた人が独立して、自分で店を持つようになって、「もう一度チェーン店のコックをやってくれ」と言われてやるか？　という話。

――もうマニュアルどおりの料理は作れないと。

錦織　そう感じるんだよね。チェーン店のコックならば、その店のレシピを守らなきゃいけない。ジャニーズにいる頃は、そのレシピはジャニーさんが作るものだから、仮に意見がぶつかったとしても、結局は俺が折れたんだよ。

――マクドナルドに勤めているのに、マックのレシピを否定してもしょうがないですものね。

錦織　そういうことだよね。他人様の軒先を借りておいて、批判してどうするんだと思うじゃない。

――そのレシピもファンが数えきれないほどいる絶妙なものだったわけですからね。

錦織　そこにいながらにして、それを批判するのは失礼だと思った。そのことは大人にならないと気付かないから、若い頃はいろいろ言ったのよ。今は「楽しくやらせてもらってたのに、生意気言っちゃったなあ」と思う。「他人の家の冷蔵庫を開けて、あれもない、これもないと言っていたようなもんだな」と思うんだよね。それはみっともないことだとも思うから。

――たしかに「他人の家の冷蔵庫」かもしれませんが、これまで話を聞いてきたように、錦織さんはいろいろご自分でもそのメニューを生み出してきたとも言えるわけじゃないですか？

錦織　それが生意気だったなあと思うのよ。あ、冷蔵庫で思い出したけど、ジャニーズに入ってびっくりしたのが、何か飲もうと冷蔵庫を開ける時に、「飲み物いただいていいですか？」と普通訊くじゃない。そうしたらジャニーさんが、「よそよそしい言い方やめなよ。子供は『飲むね』でいいんだよ。黙って飲みなよ」って。

――子供が気を遣わなくていいと。

錦織　それがジャニーさんの方針だったんだろうね。それはうちの親の方針と違ったから最初はびっくりしたよね。ジャニーさんは「何か食べたい？」と訊かれたら、「俺は大丈夫です」と答えるのじゃなくて、「これが食べたい！」と即答する子がいいんだよ。「それがタレントなんだよ」と教えられたけど、俺はなかなかそうはなれなかったね。そういう価値観の擦り合わせが、結構大変だった気がする。

植草のこと

――植草さんとYouTubeを始められましたが（「ニッキとかっちゃんねる」）、これからも一緒に活動されるんですか？

錦織　ジャニーズ事務所在籍の最後の日は、２０２０年の大晦日だったけど、その年越しの時報を聞いた瞬間、最初にメッセージを送ったのは植草だったよ（笑）

――僕も植草さんに、「錦織さんは一個上の先輩みたいな感じですか？」と聞いたことがあるんですよ。そうしたら「先輩とは思ってない。どんな肉親や親兄弟よりも一番つながってる人」と。

錦織　あいつは、初めて俺がひとり暮らしをした時に、マネージャーが迎えに来るじゃん。その時一緒に偵察に来たから（笑）。俺が野球チームに入ったり、飲み屋に通ったりすると、後追いで必ず来るんだよね。酒飲めないのに。

――愛されていますね（笑）

錦織　俺が植草のことを「怖いなあ」と思うのは、俺の頑固なところや、妥協しないところを全部知っている。それが一番怖い。ああ見えて全体を俯瞰してよく見ているから……、経験もあるし。だから俺が作る舞台を「もうちょっと、こういう風にして作ったらいいんじゃないの」とか言ってほしいよね。「お前のやりたいことはそうじゃなかったじゃん」とか平気で言ってくれると思う。怖い、イコール信頼しているということだけど。

――少年隊の昔からのファンとしては、東山さんも含めて、また3人そろった少年隊の姿をいつの日か見られると嬉しいです。その日が来ることを祈っています。
錦織　うん。ありがとう。

＊

——さて、長い時間をかけて錦織さんにこれまでの歩みを聞いてきましたが……。

錦織　途中までだけどね。それは1988年の『GOLDEN BOY』が俺にとっての大きな転機になったから。それ以前と以降では話が大きく違ってくる可能性があって、この『少年タイムカプセル』では、そこまでを振り返ろうと俺が話したんだけど。

——ここまででも、充分過ぎるほど濃厚ですが。

錦織　『GOLDEN BOY』がとにかく大きかったんだよね。この舞台に23歳で出会っていなければ、芸能界の仕事を続けていなかったと思う。大げさじゃなくて、その可能性は高いと思う。

——『PLAYZONE』以上にですか？

錦織　『PLAYZONE』は毎夏に行なうフェスティバルだから。分岐点ではないね。

——それだけ大きかったと。

錦織　『ＧＯＬＤＥＮ ＢＯＹ』が、俺の新しい扉を開けてくれたんだよね。舞台人生に導いてくれたんだよ。「その後のすべての出発点になった」とも言えるんだけど。

――もちろん１９８８年以降も少年隊の活動は精力的に続きますし、錦織さんはもうひとりの恩師である、つかこうへいさんと出会います。そして自分も演出の仕事を始めるようになって……。

錦織　そのあたりの話は、また別の機会にしたいね。

おわりに――ひとりで屋台を引いてみたかった

こうして振り返ってみると、ずっとアウェーの側に身を置いてきた人生だったのかもしれません。

東京の西側で生まれて、すぐに東側の小さな町へ引っ越したことも。

矢沢永吉を好きだった少年が、アイドルの世界へ飛び込んだことも。

狭い稽古場で切磋琢磨する芝居の世界に魅了され、徐々に軸足をそちらに移していったことも――。

我ながら落ち着きのない処世だったと思います。

しかし人生最大のアウェーは、〝今〟なのかもしれません。

２０２０年12月31日をもって、私は12歳での入所以来、43年間お世話になったジャニーズ事務所を退所しました。

不安がなかったわけではありません。その不安というのは、仕事がなくなるということよりも、自分の周りから人がいなくなるんじゃないか、というものでした。決してお行儀のよい趣味ではありませんが、誰が先にいなくなるのかなんて、親しい友人たちと予想していたこともあります。

『PLAYZONE』終演後の楽屋の風景を思い出します。

そこには招待でいらっしゃった人たちがたむろできるようなスペースがあったのですが、私が単独で出演している他の舞台とは、集まってくる人も、その数も明らかに違いました。

「素晴らしい舞台でしたね、ジャニーさん。ところで今年の10月からなんですが……」なんて会話を耳にすると、「なるほど。ここに来た人たちは、少年隊のミュージカルを観に来たんじゃなくて、ジャニーさんに会いに来たのか」なんて邪推をしたくもなりました。

だから、2021年、本当の意味で自分がひとりになったとき、「そこには誰がいるのだろうか？」という不安を完全には拭い去ることはできませんでした。

それから2年の月日が経ちました。

変わらずたくさんの人たちが私の周りにいてくれています。友人、これまで一緒に仕事をしてきた人、新しく一緒に仕事を始める人、そして何よりファンの皆様……。

私のつまらない想像は、杞憂に終わったようです。むしろ、その人数は増えています。

もしかしたら、それまでのほうが会いづらかったのかもしれません。

50歳を過ぎてからの「ひとり暮らし」を認めてくれたジャニーズ事務所には、あらためて御礼を申し上げたいと思います。

＊

とはいえ、遅すぎた「ひとり暮らし」は簡単なことではありませんでした。これまでは全てをお膳立てしてもらっていましたが、一から自分で考え、決めなければいけない。それは想像以上に困難なことでした。一方で、そのことの自由を感じています。とにかく自分ひとりで屋台を引くところからやってみたかったのです。

本書『少年タイムカプセル』もその成果のひとつです。「自分ごときが人生を語るなんて」という気持ちがないわけではありませんが、縁をつなぎ、聞き手まで務めてくれた西寺郷太さん、膨大な取材記録を整然と構成してくれた細田昌志さん、素晴らしい写真を撮影してくれた角田勇太さん、編集を担当してくれた新潮社の金寿煥さんをはじめとしたスタッフの皆様のおかげで、ひとつ夢が叶いました。

本書を読んで、錦織一清という人間はこんなことを考えていたのか、こんな人間だったのかということを知ってもらえれば望外の喜びです。

もしかしたら私のことを誤解していた人もたくさんいるかもしれません。誤解してファンになってくれた人も、誤解があってファンじゃなかった人もいると思います。もちろん、誤解したままでもいい。その結果、嫌いになってもいい。

この本を読んでもらって、良い意味でも、悪い意味でも、誤解を解きたい。全部わかってほしいとは言いませんが、その誤解に少し輪郭を与えて、もう必要以上に取り繕う必要のなくなった私の内側の部分まで見てもらえれば幸いです。

最後に。

本書を、父・錦織清と恩師・ジャニー喜多川氏に捧げます。

2023年1月
錦織一清

錦織一清（にしきおり・かずきよ）

1965（昭和40）年、東京都生まれ。12歳でジャニーズ事務所に入所、1985年12月12日に少年隊として『仮面舞踏会』でレコード・デビュー。以降、『君だけに』『ABC』『まいったネ 今夜』など時代を超える名曲を次々と生み出す。1986年には青山劇場でミュージカル公演「PLAYZONE」をスタート。以降、2008年まで毎年公演を行った。個人でも多くの舞台に出演、2009年頃からは演出家としても広く知られるようになる。2020年12月31日にジャニーズ事務所を退所。現在は、主に俳優・演出家として活躍中。シンガーとしても、2021年にはシングル『Cafe Uncle Cinnamon』をリリース。著書に『錦織一清 演出論』（日経BP）がある。

少年《しょうねん》タイムカプセル

発行 二〇二三年二月二五日
三刷 二〇二三年四月二五日

著者 錦織《にしきおり》一清《かずきよ》
発行者 佐藤隆信
発行所 株式会社新潮社
〒一六二‐八七一一 東京都新宿区矢来町七一
電話 編集部〇三（三二六六）五六一一
読者係〇三（三二六六）五一一一
https://www.shinchosha.co.jp

装幀 新潮社装幀室
組版 新潮社デジタル編集支援室
印刷所 錦明印刷株式会社
製本所 大口製本印刷株式会社

ISBN978-4-10-354931-4 C0095

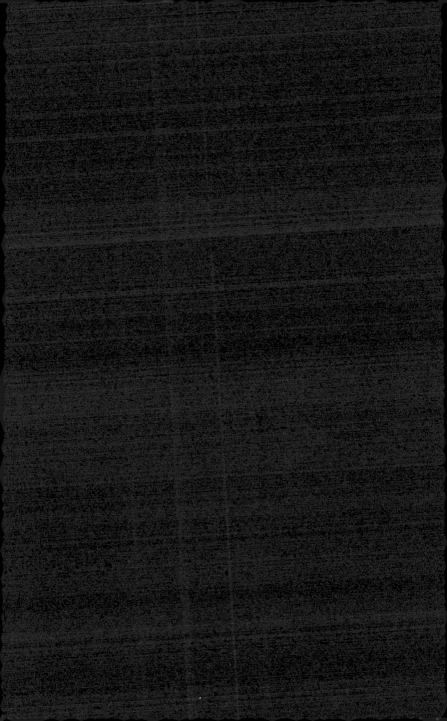